Hachette-BnF s'enrichit d'une nouvelle gamme d'ouvrages en couleurs, fac-similés d'éditions originales publiées jusqu'au début du xxe siècle, sélectionnées parmi des pièces remarquables et rares conservées à la Bibliothèque nationale de France.

Imprimés à la demande, ces ouvrages sont ainsi des reproductions fidèles d'éditions d'œuvres richement illustrées de gravures, peintures ou dessins réalisés par de grands artistes. Les œuvres de cette collection ont été numérisées par la BnF et sont consultables en version numérique sur Gallica.

Pour découvrir tous les titres du catalogue, rendez-vous sur www.hachettebnf.fr

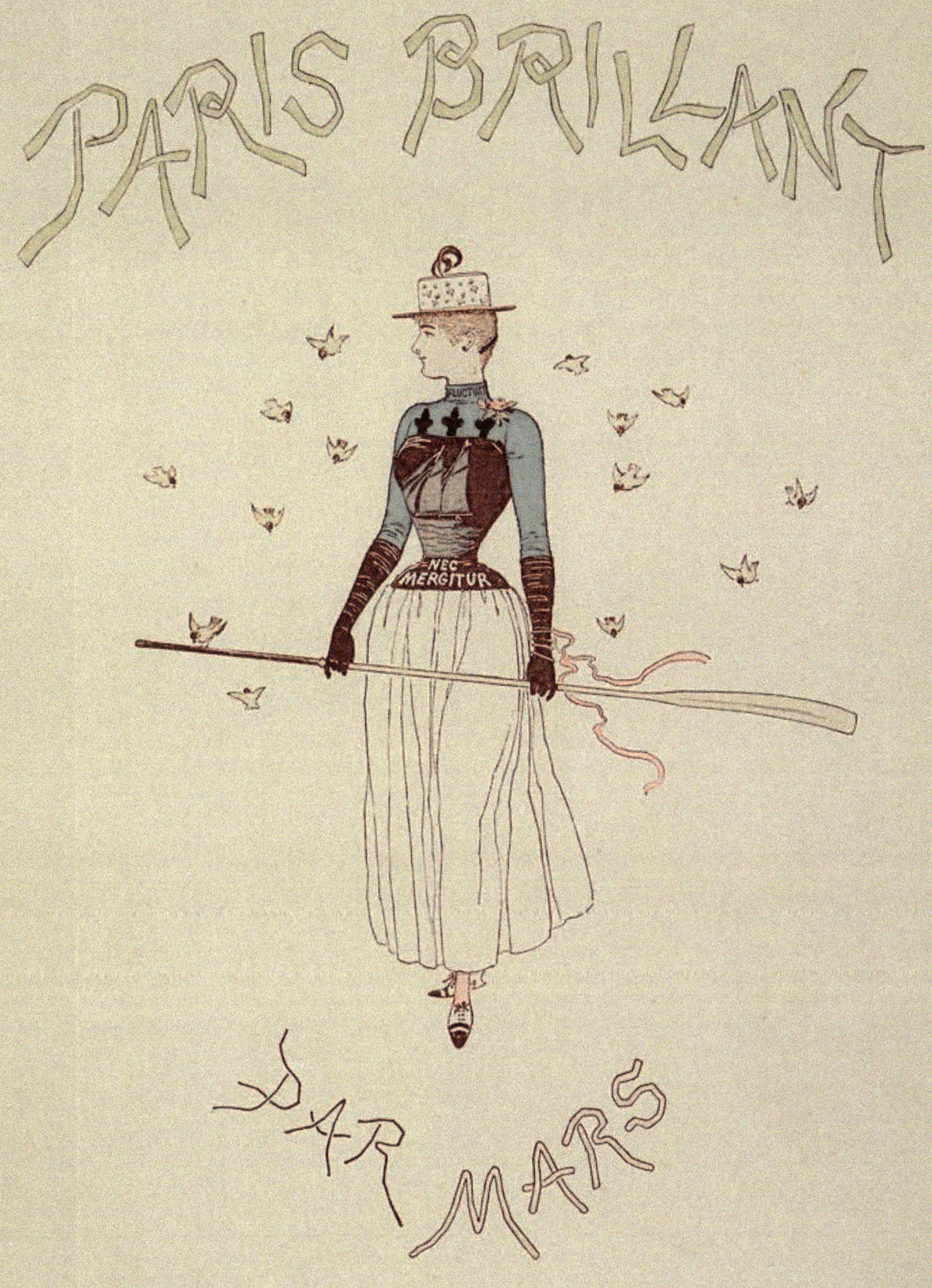

PARIS

LIBRAIRIE PLON

E. PLON, NOURRIT ET Cie, IMPRIMEURS-ÉDITEURS

10, RUE GARANCIÈRE, 10

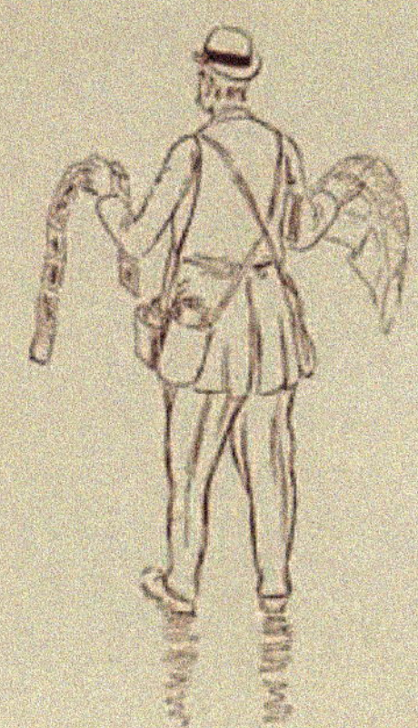

— Demandez le nouveau plan de Paris, un franc!
— Vous n'en auriez pas un ancien, moins cher?

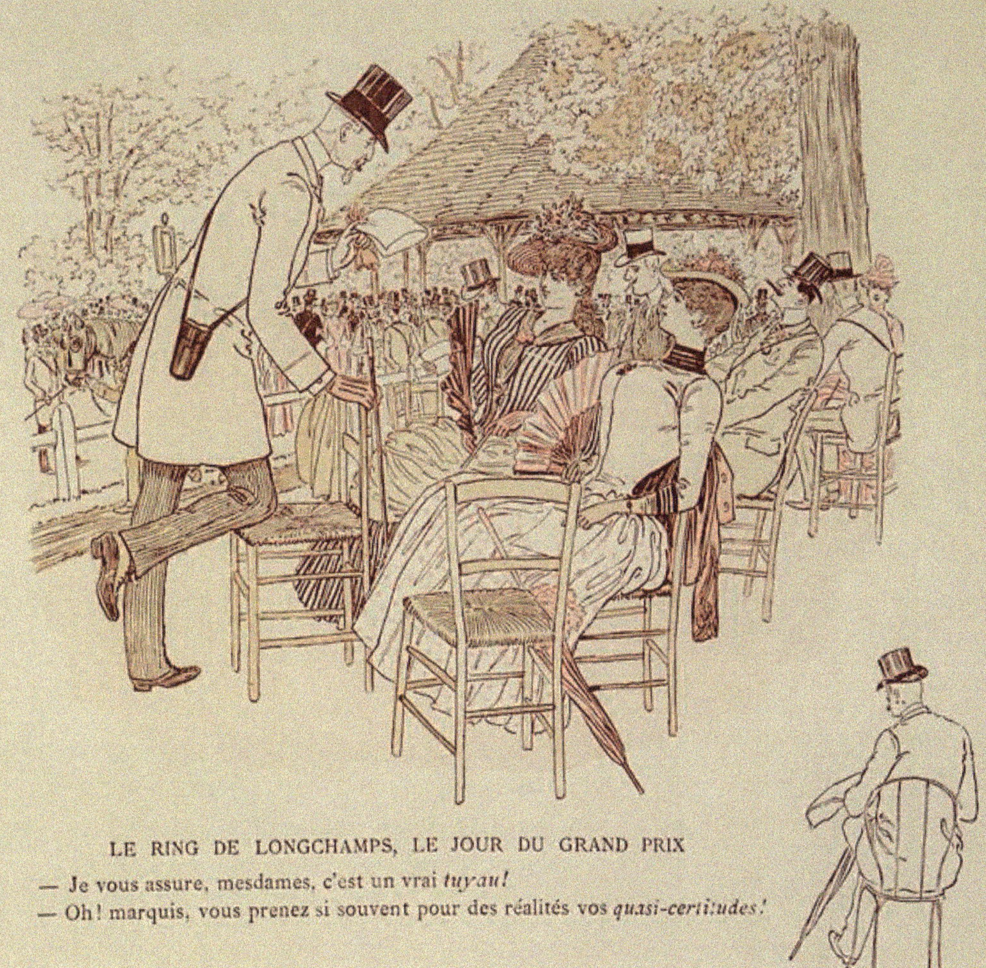

LE RING DE LONGCHAMPS, LE JOUR DU GRAND PRIX

— Je vous assure, mesdames, c'est un vrai *tuyau!*
— Oh! marquis, vous prenez si souvent pour des réalités vos *quasi-certitudes!*

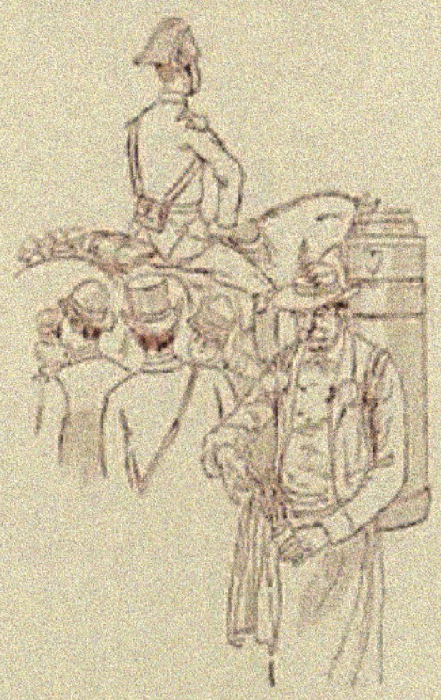

GRANDE REVUE A LONGCHAMPS

La foule qui veut voir, croit voir — et ne voit rien!

LA POLITIQUE

LE JOUR DU VERNISSAGE

— Mes enfants, il regarde de notre côté : lâchez vos mots techniques!

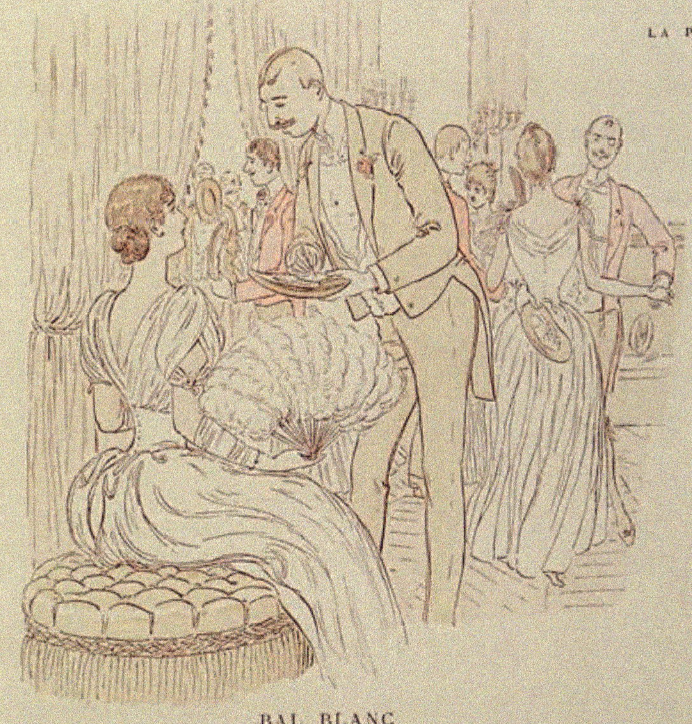

BAL BLANC

— Il ne me reste que la vingt-septième valse, mademoiselle, ça vous va-t-il?
— D'autant mieux, monsieur, qu'après la vingt-sixième vous saurez peut-être danser!

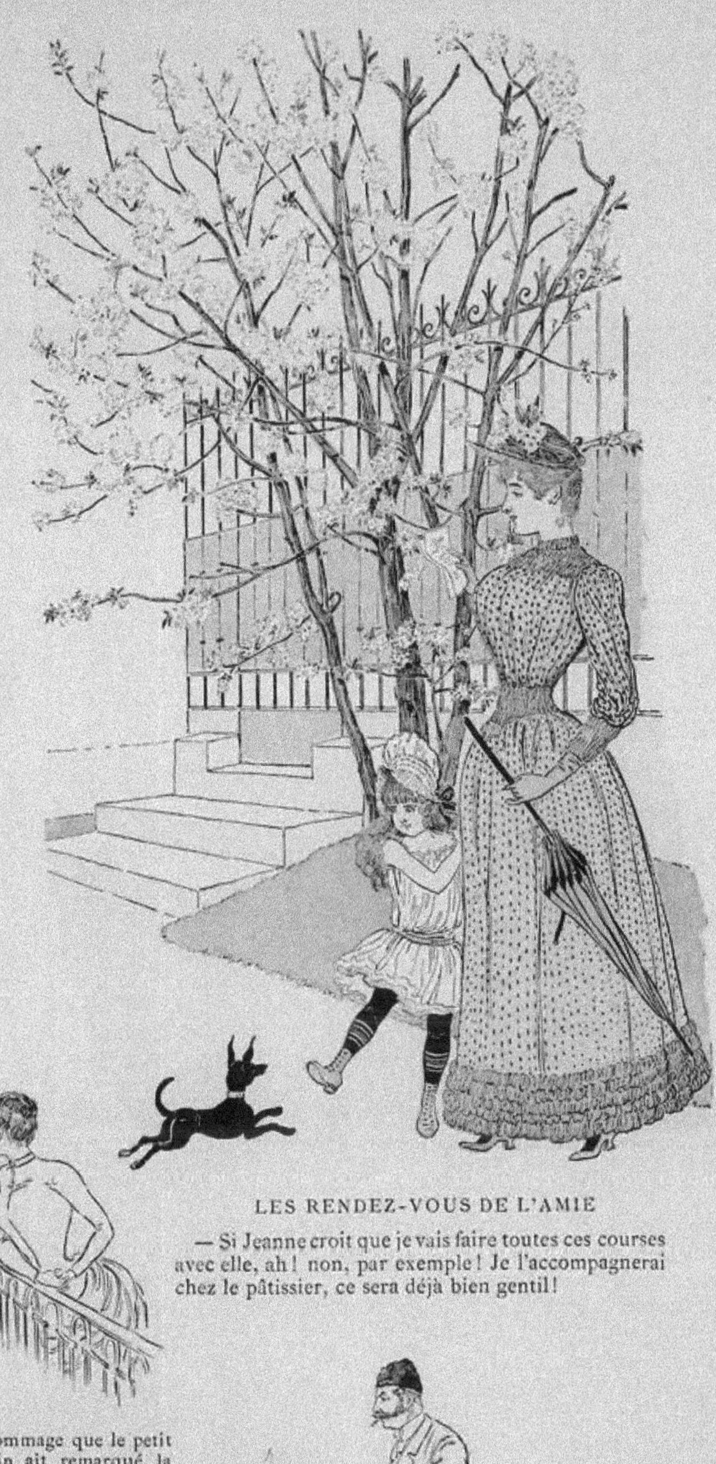

LES RENDEZ-VOUS DE L'AMIE

— Si Jeanne croit que je vais faire toutes ces courses avec elle, ah! non, par exemple! Je l'accompagnerai chez le pâtissier, ce sera déjà bien gentil!

Dommage que le petit voisin ait remarqué la petite voisine.

AU CERCLE DES PATINEURS

La gelée vient heureusement, de loin en loin, y rompre la glace!

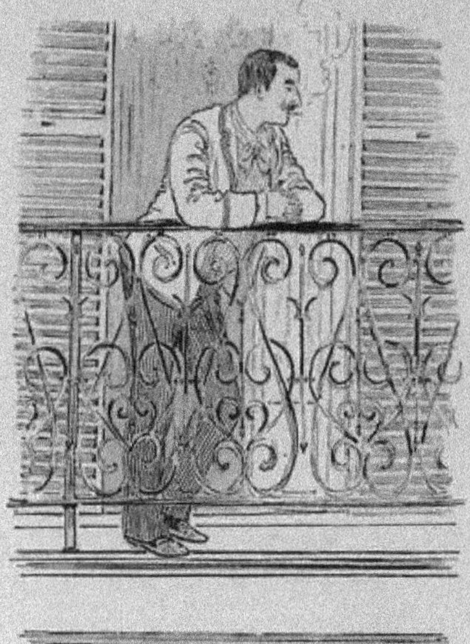

Le malheur de la petite voisine, c'est qu'elle gobe le petit voisin.

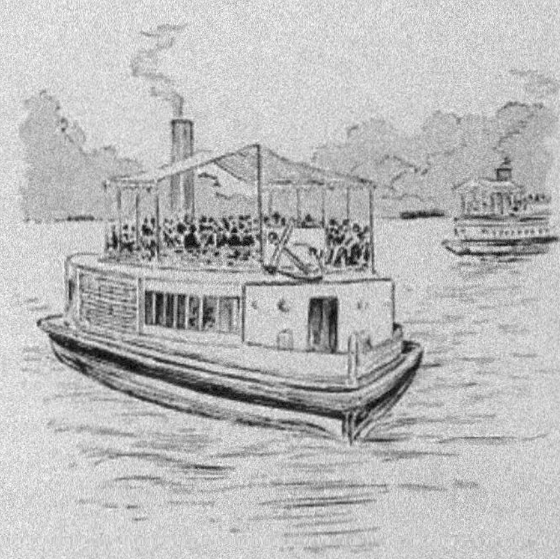

Des bateaux qu'on appelle omnibus parce que les omnibus de Paris ressemblent à des bateaux!

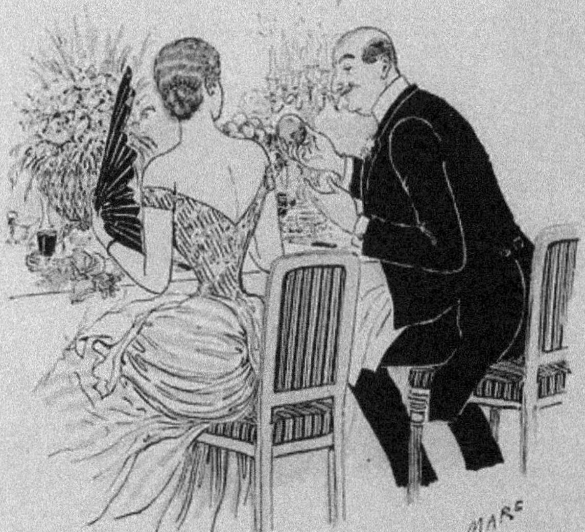

— Madame, permettez-moi d'approcher cette pêche de vos épaules, que je voie si elle en a le velouté!

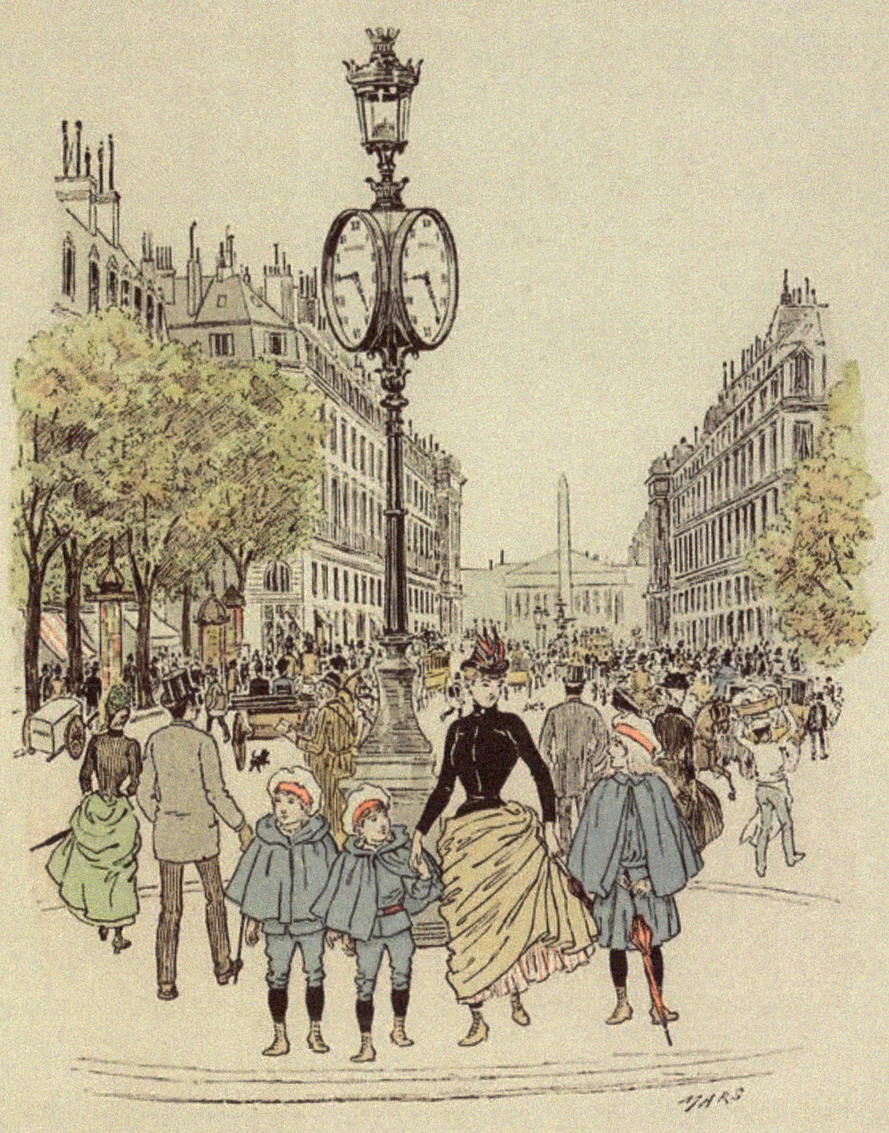

SUR LE REFUGE DE LA MADELEINE, RUE ROYALE

— Jeanne, prenez garde, vous allez vous faire écraser!
— Mais, mademoiselle, il ne vient pas de voitures!
— Il pourrait en venir, mon enfant!

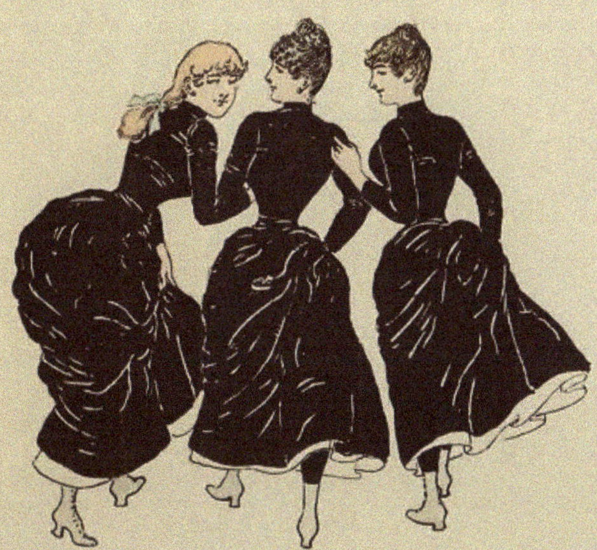

LA SORTIE DES PETITES OUVRIÈRES, A L'HEURE DU DÉJEUNER

MADRIGAL TOMBÉ DE LA POCHE D'UN POÈTE CHAUVE

Holà! piqueuse de bottines,
Qui de ton pied léger trottines,
Épargne-moi ces œillades mutines,
Ou prends pitié du cœur que tu piétines!

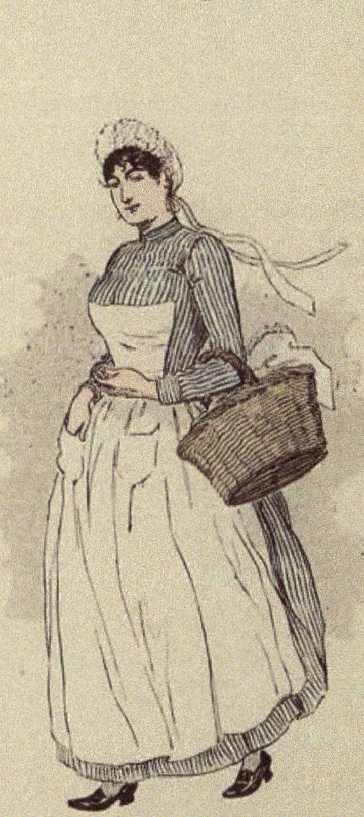

NOS GENS

ROSALIE SOUDUFRANC

CORDON BLEU DANS LES GRANDS PRIX

De l'œil — et de la dent!

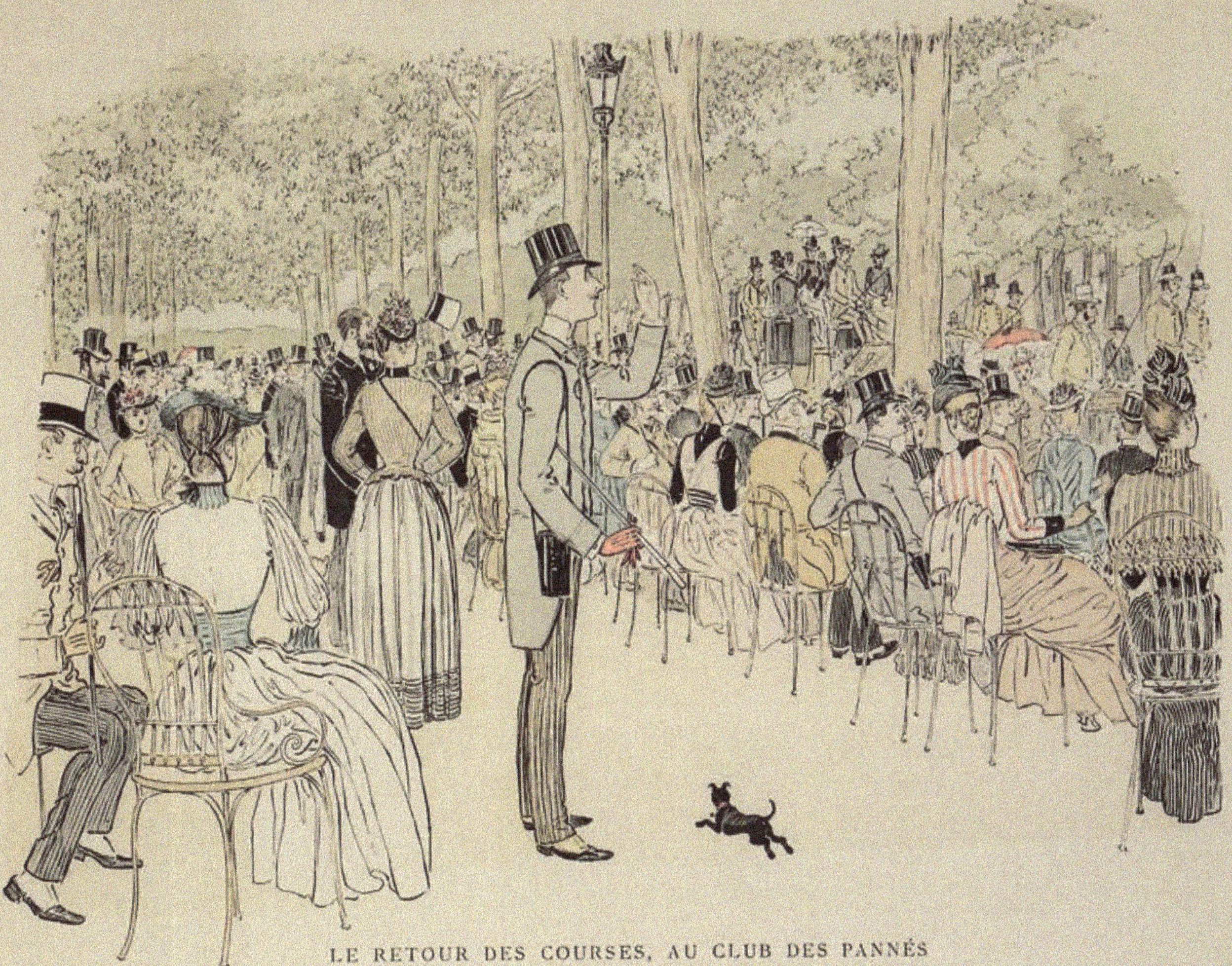

LE RETOUR DES COURSES, AU CLUB DES PANNÉS

Cet excellent Roger, l'ami de tout le monde !

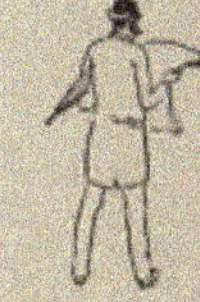

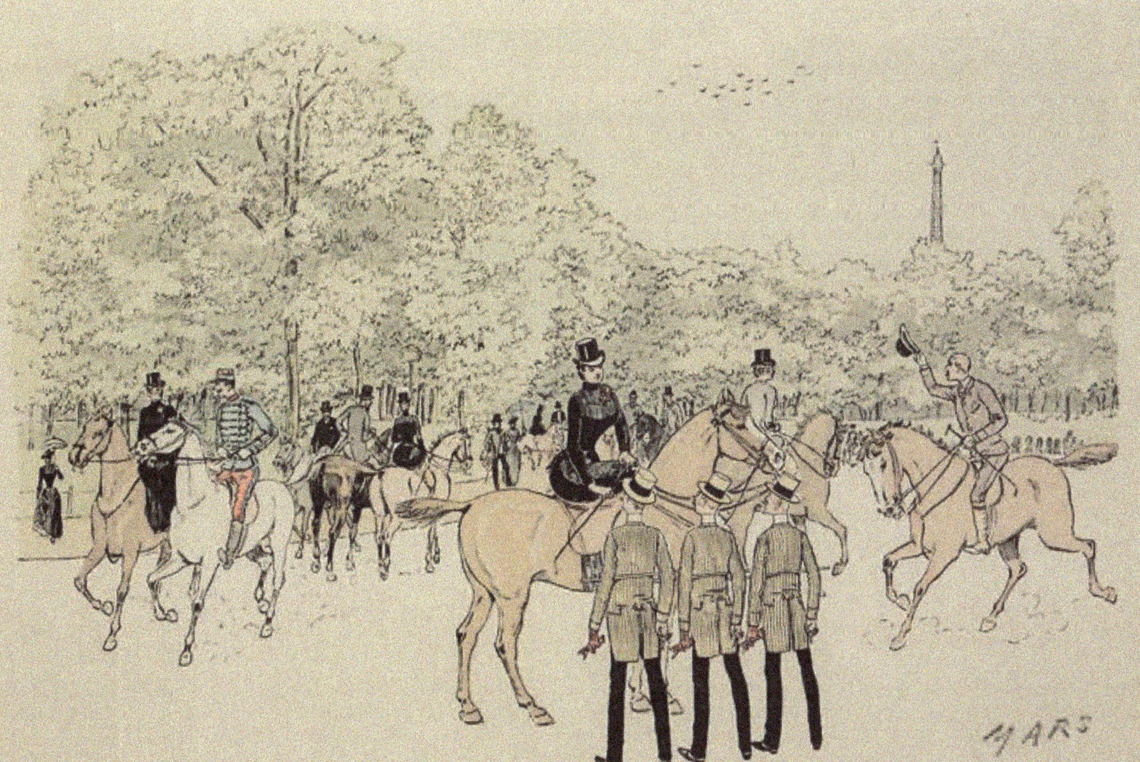

GUY, GONTRAN ET GASTON, A L'ENTRÉE DE L'ALLÉE DES POTEAUX

— Alors, vous ne montez pas, aujourd'hui ?
— Impossible : nous avons attrapé une courbature !

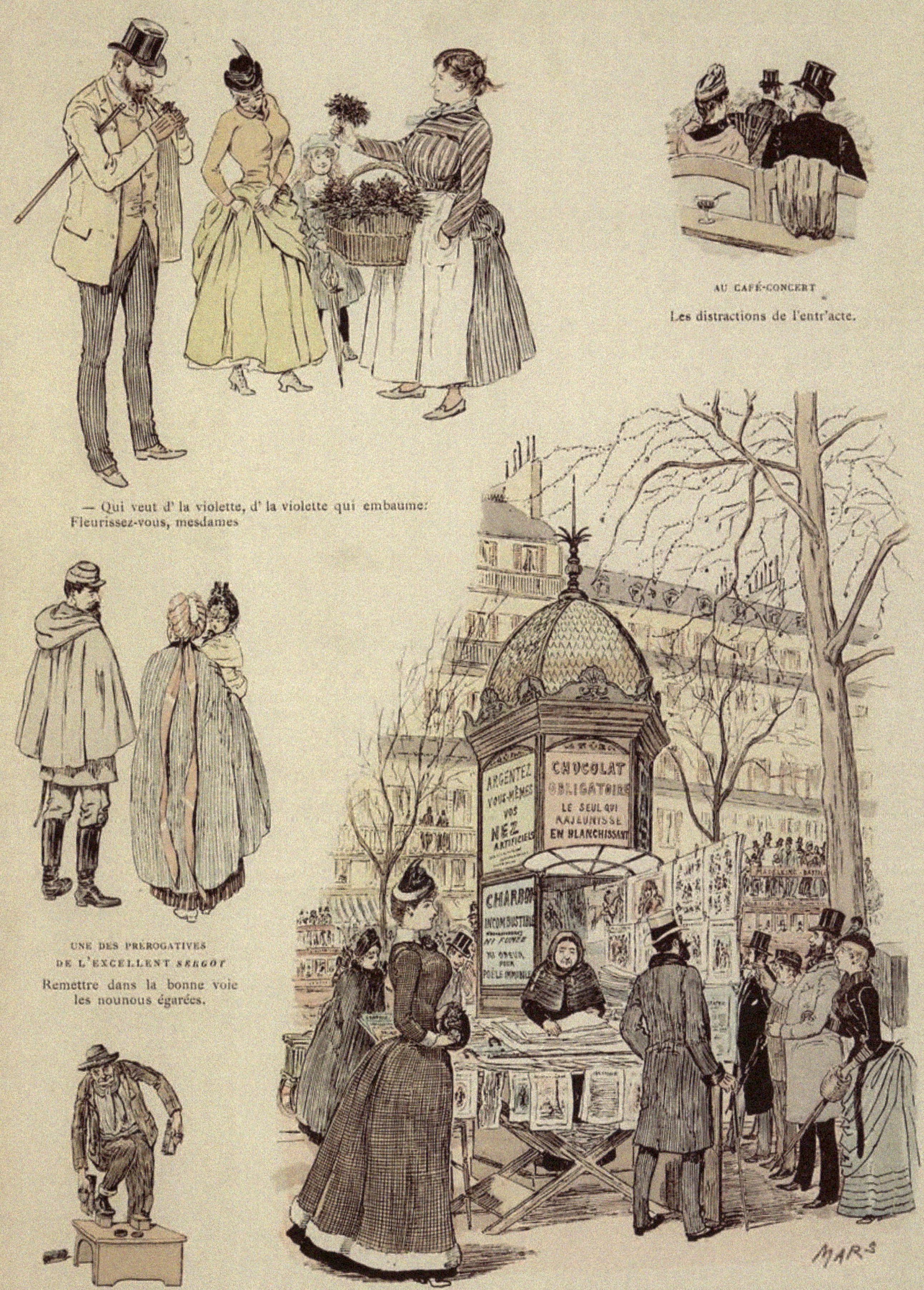

— Qui veut d' la violette, d' la violette qui embaume:
Fleurissez-vous, mesdames

AU CAFÉ-CONCERT
Les distractions de l'entr'acte.

UNE DES PRÉROGATIVES
DE L'EXCELLENT *SERGOT*
Remettre dans la bonne voie
les nounous égarées.

UN CIREUR DE BOTTES
QUI MANGE SON FONDS

KIOSQUE DU BOULEVARD
Le seul bon côté de la politique elle change le papier en or!

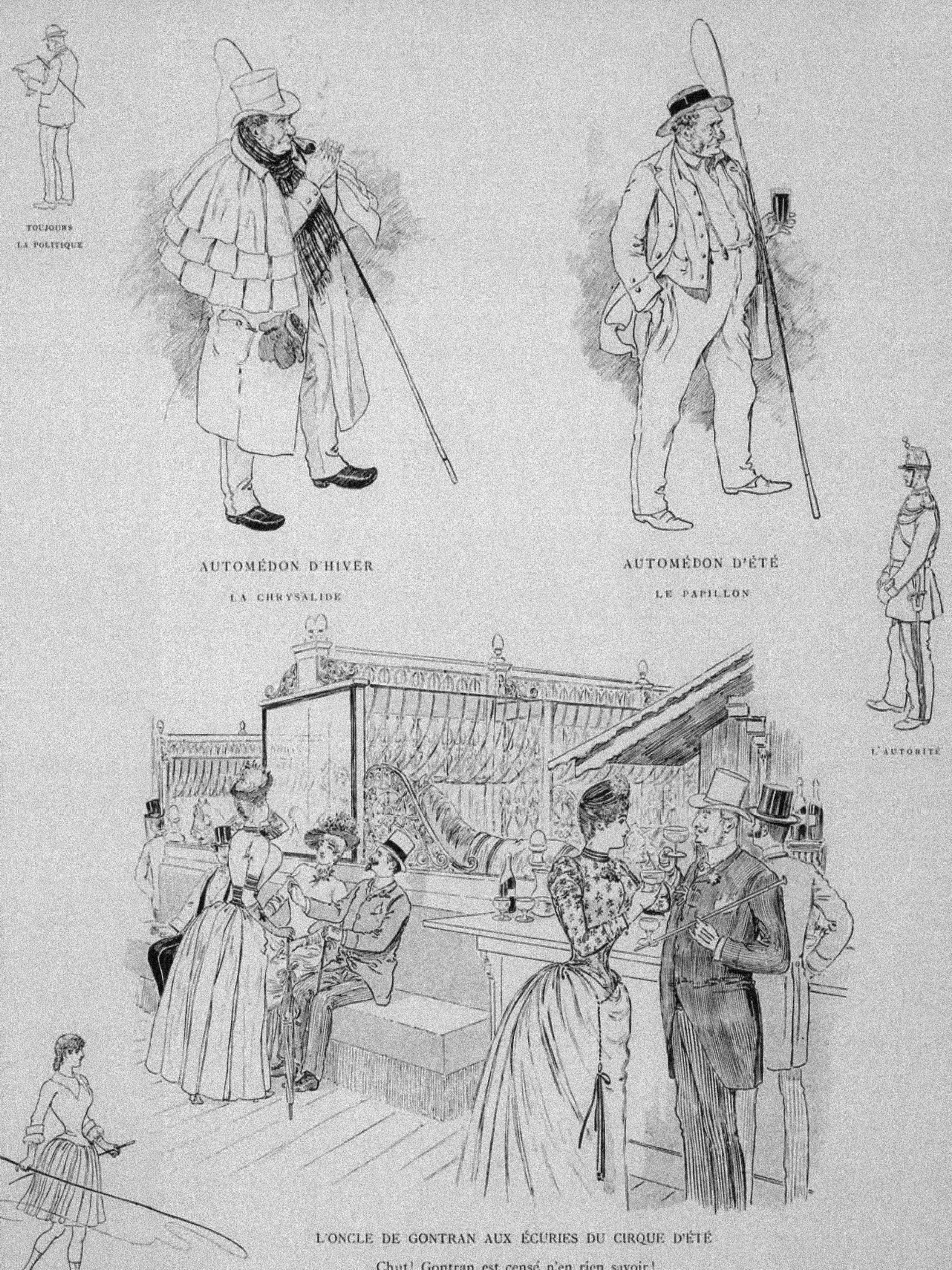

TOUJOURS
LA POLITIQUE

AUTOMÉDON D'HIVER

LA CHRYSALIDE

AUTOMÉDON D'ÉTÉ

LE PAPILLON

L'AUTORITÉ

L'ONCLE DE GONTRAN AUX ÉCURIES DU CIRQUE D'ÉTÉ

Chut! Gontran est censé n'en rien savoir!

MADAME L'ÉCUYER

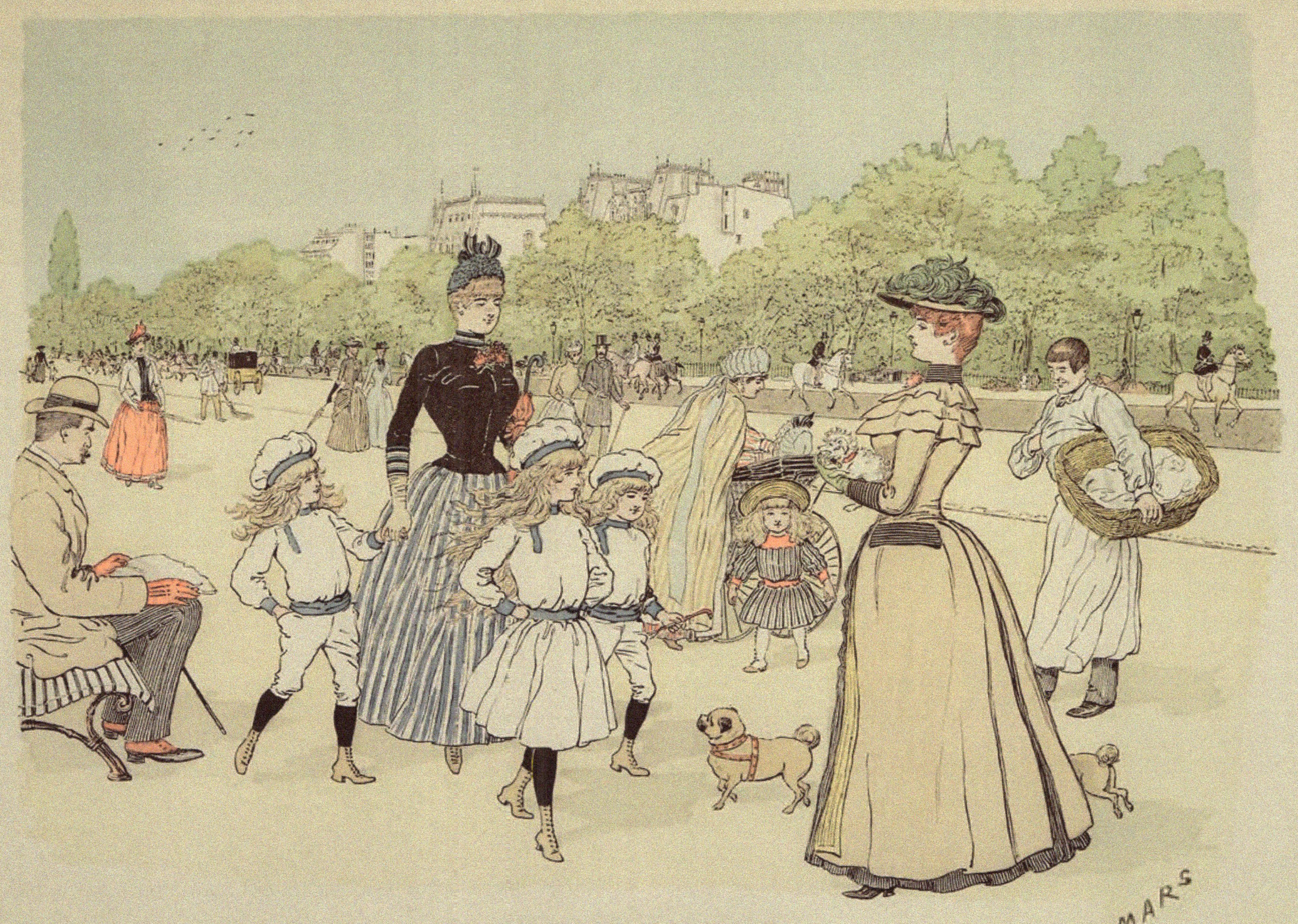

DANS L'AVENUE DU BOIS, LE MATIN

LA DAME AUX TOUTOUS ET LA DAME AUX ENFANTS

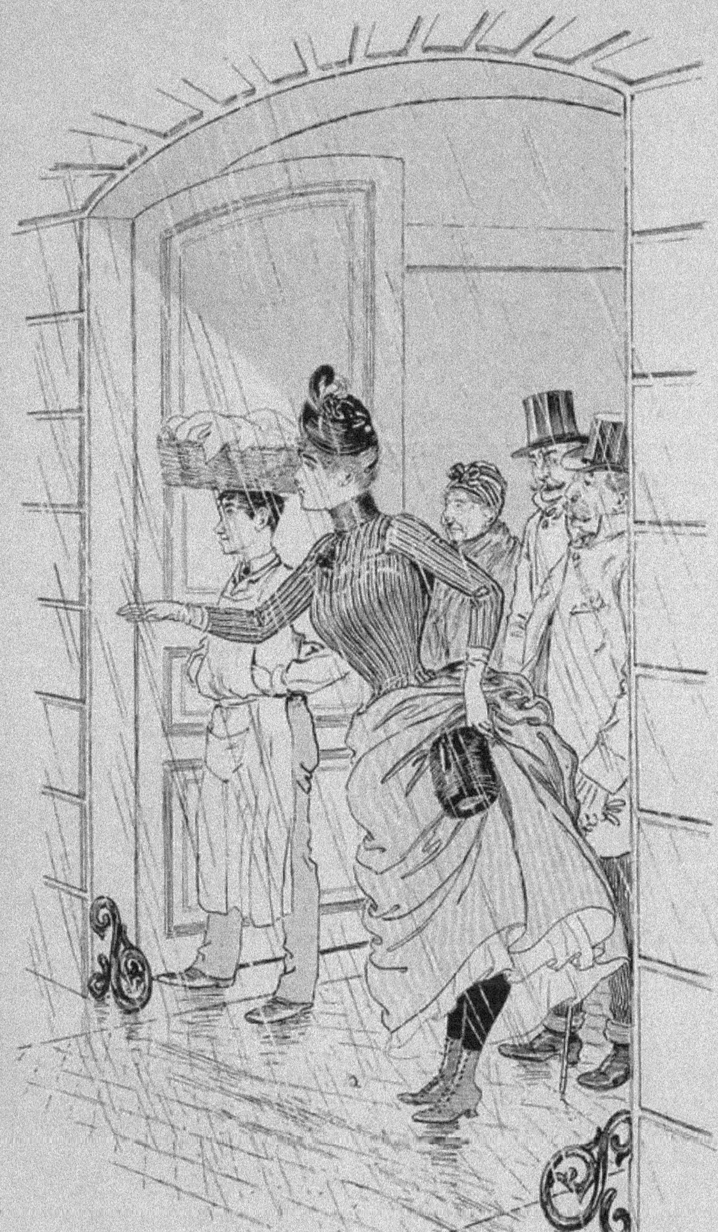

L'AVERSE

Pas de parapluies! L'on se réfugie sous un porche.
Un courant s'établit, et cela produit parfois des coups de foudre!

JOLI MARIAGE A SAINTE-CLOTILDE

— Perlipopette, est-elle jolie!
— Et lui, a-t-il l'air serin!

CIPAL DE SERVICE PRÈS DU MOULIN DE LONGCHAMPS
UN JOUR DE REVUE

Avant tout, avant lui,
l'animal!

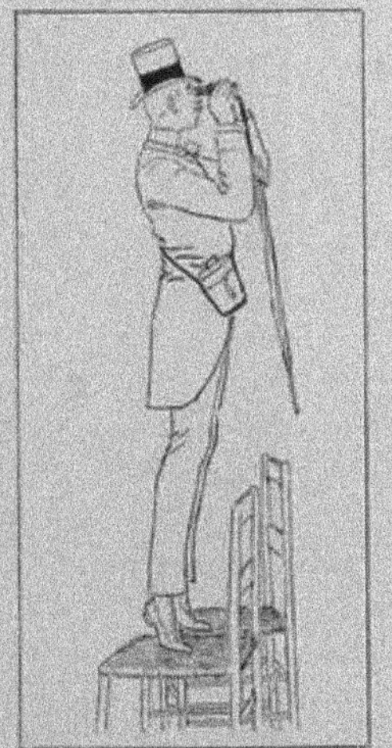

A AUTEUIL

— S'il tombe, je suis flambé!

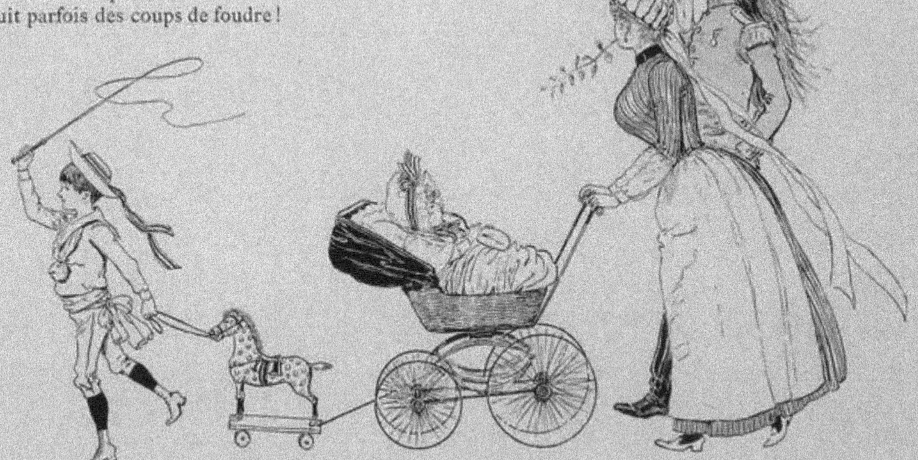

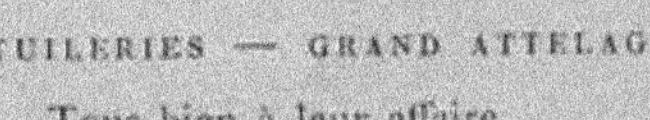

AUX TUILERIES — GRAND ATTELAGE

Tous bien à leur affaire.

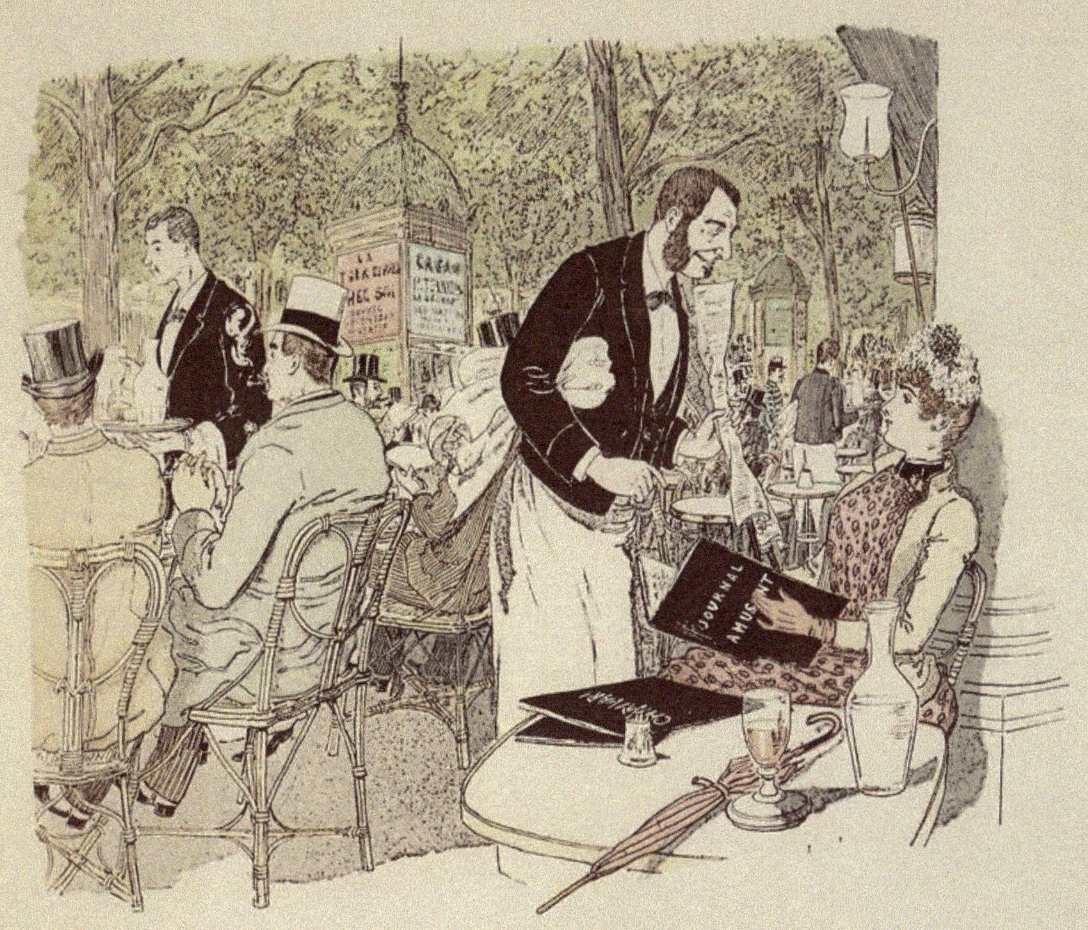

SUR LA TERRASSE D'UN GRAND CAFÉ DU BOULEVARD

— Après madame l'*Amusant*, s'il en reste !

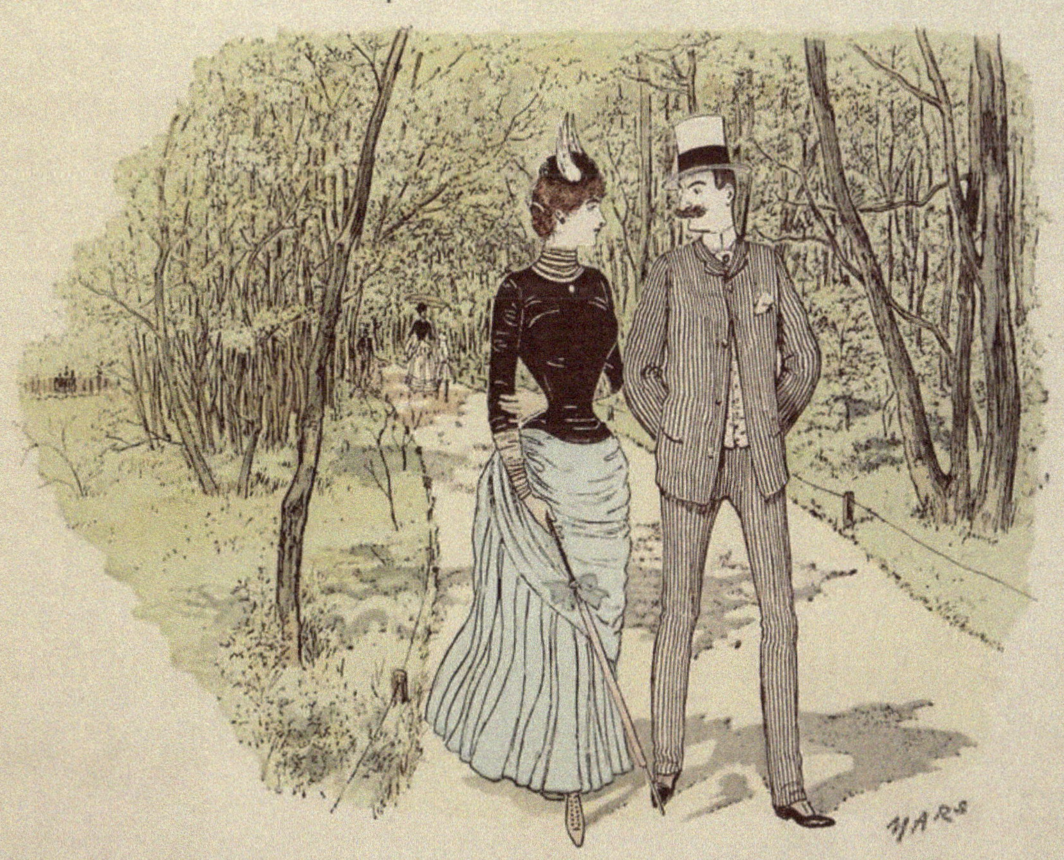

PETITE ALLÉE DU BOIS — PROMENADE PRINTANIÈRE

— Ah ! Herminie, le renouveau, ces feuilles qui poussent, ces oiseaux qui chantent, trouvez pas, ça repose ?
— En effet, mon ami, ça repose des serins en cage !

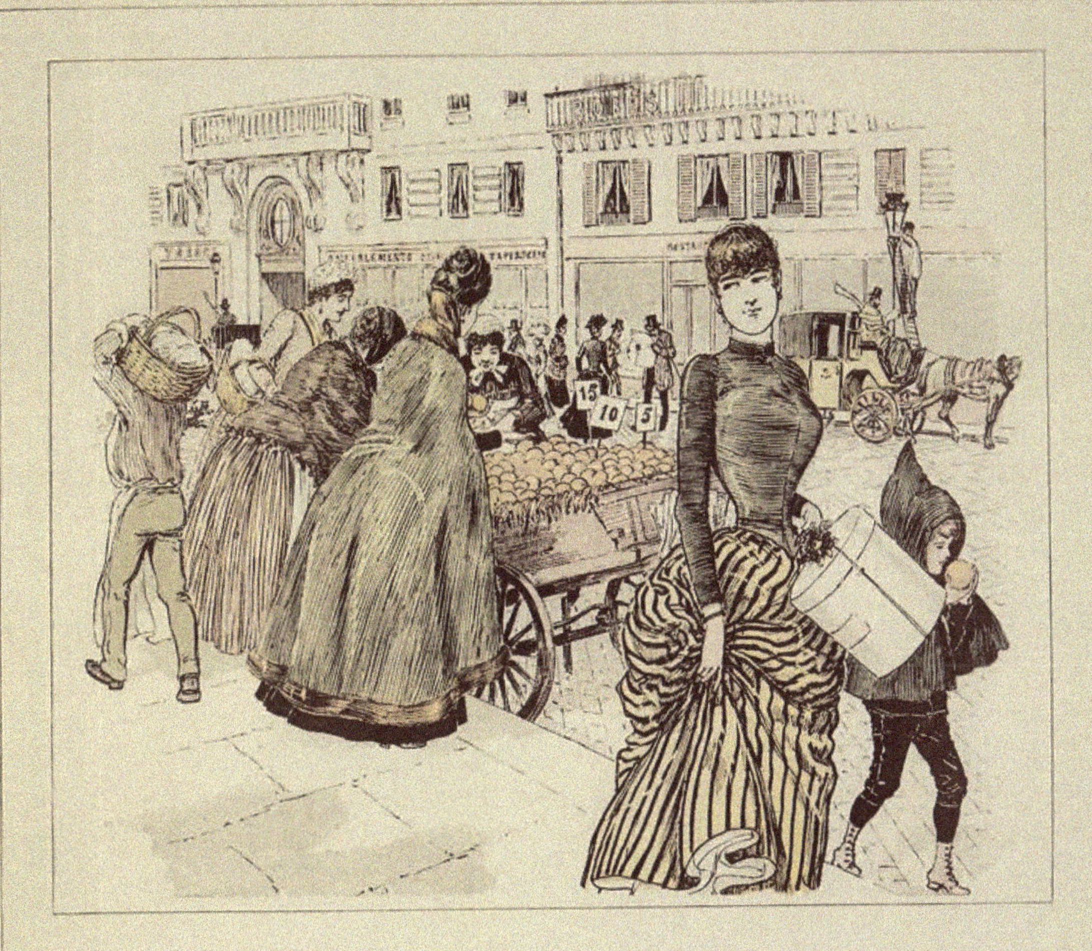

MADEMOISELLE BLANCHE, TROTTIN DE MODISTE
(QUARTIER NOTRE-DAME DE LORETTE

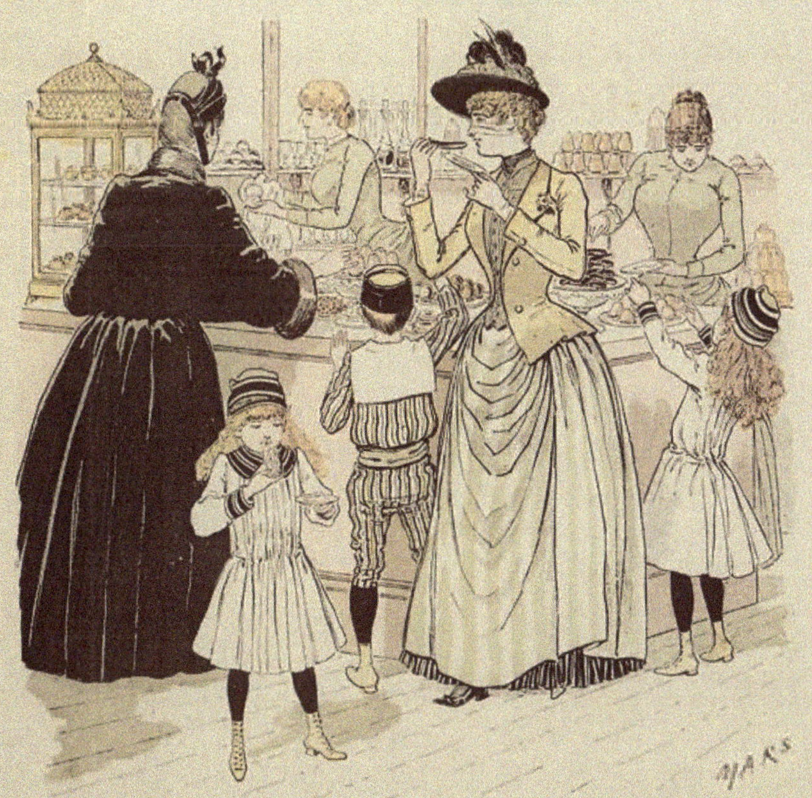

ENTRE QUATRE ET CINQ, CHEZ LE PATISSIER
Demandez à Bébé : il vous dira que les petits gâteaux entretiennent l'amitié!

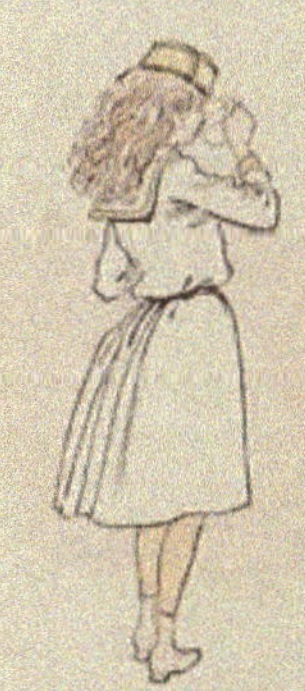

LA TASSE DE CHOCOLAT
DE CETTE PAUVRE PETITE CHATTE

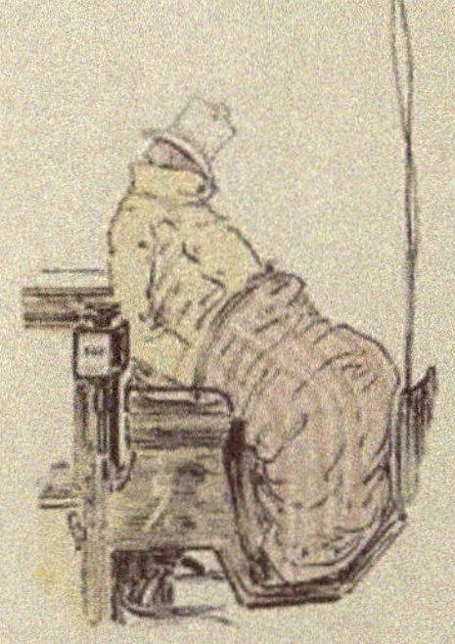

A LA STATION
Pourquoi se priver de *pioncer*? Cocotte veille!

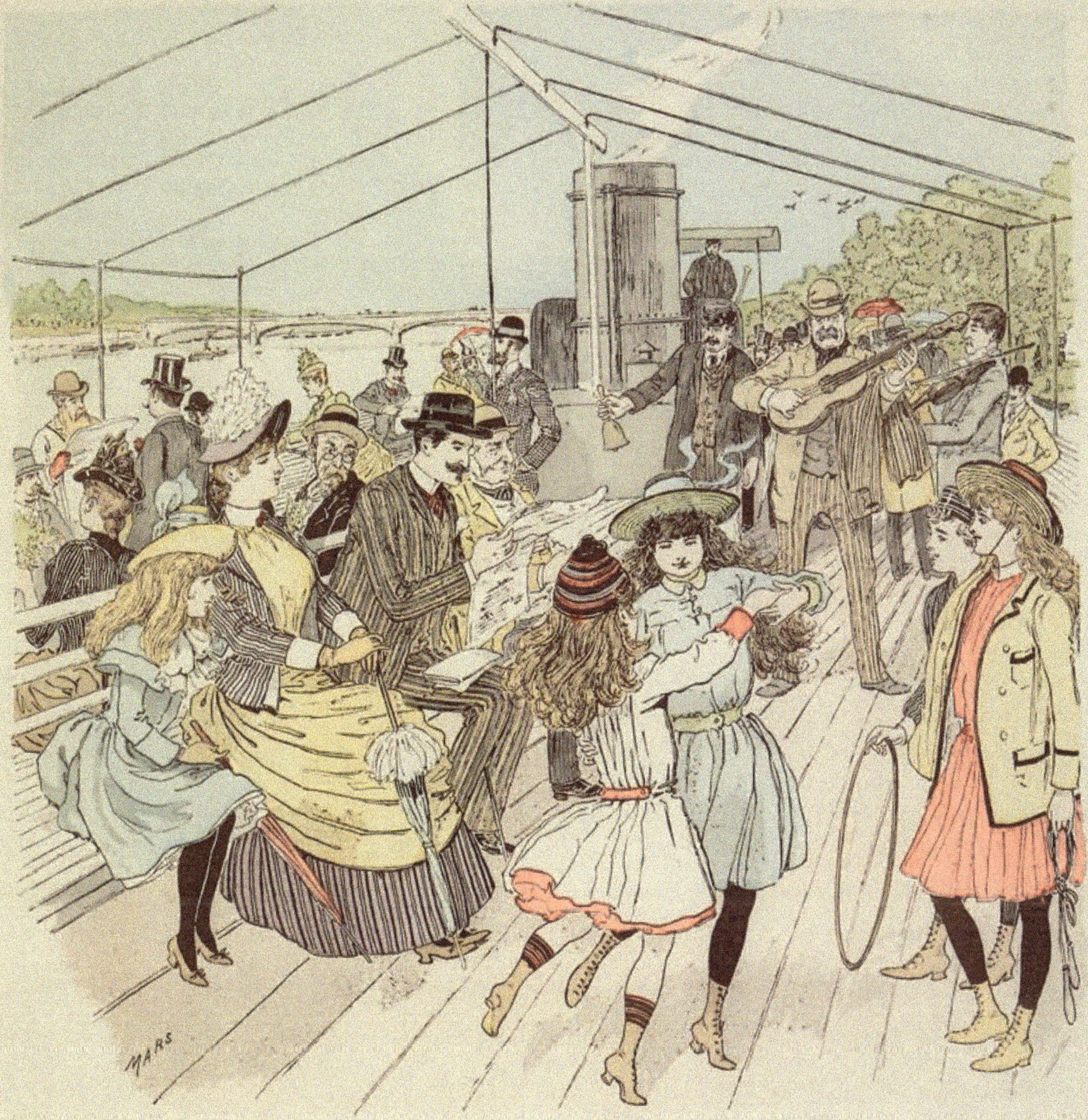

LE DIMANCHE — SAUTERIE IMPROVISÉE A BORD D'UNE HIRONDELLE

Vive le soleil, et vivent les jours de congé!

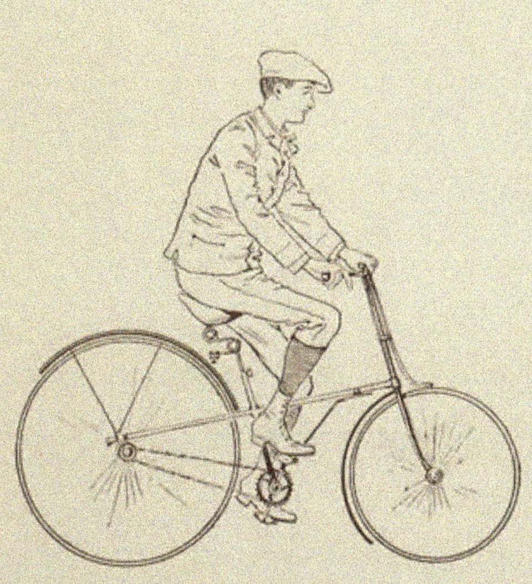

VENTRE A TERRE!

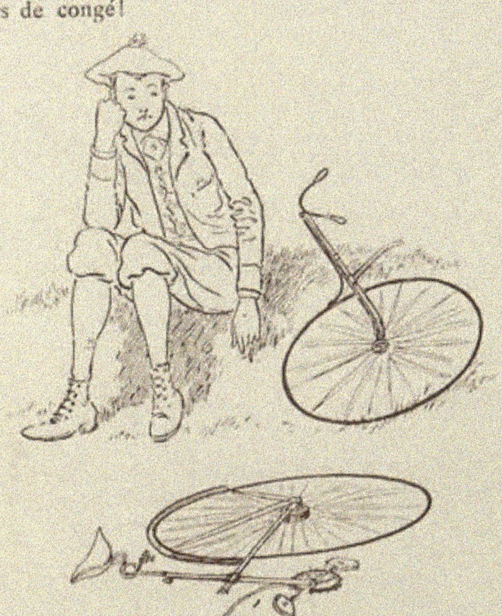

ALAS, POOR VÉLO!

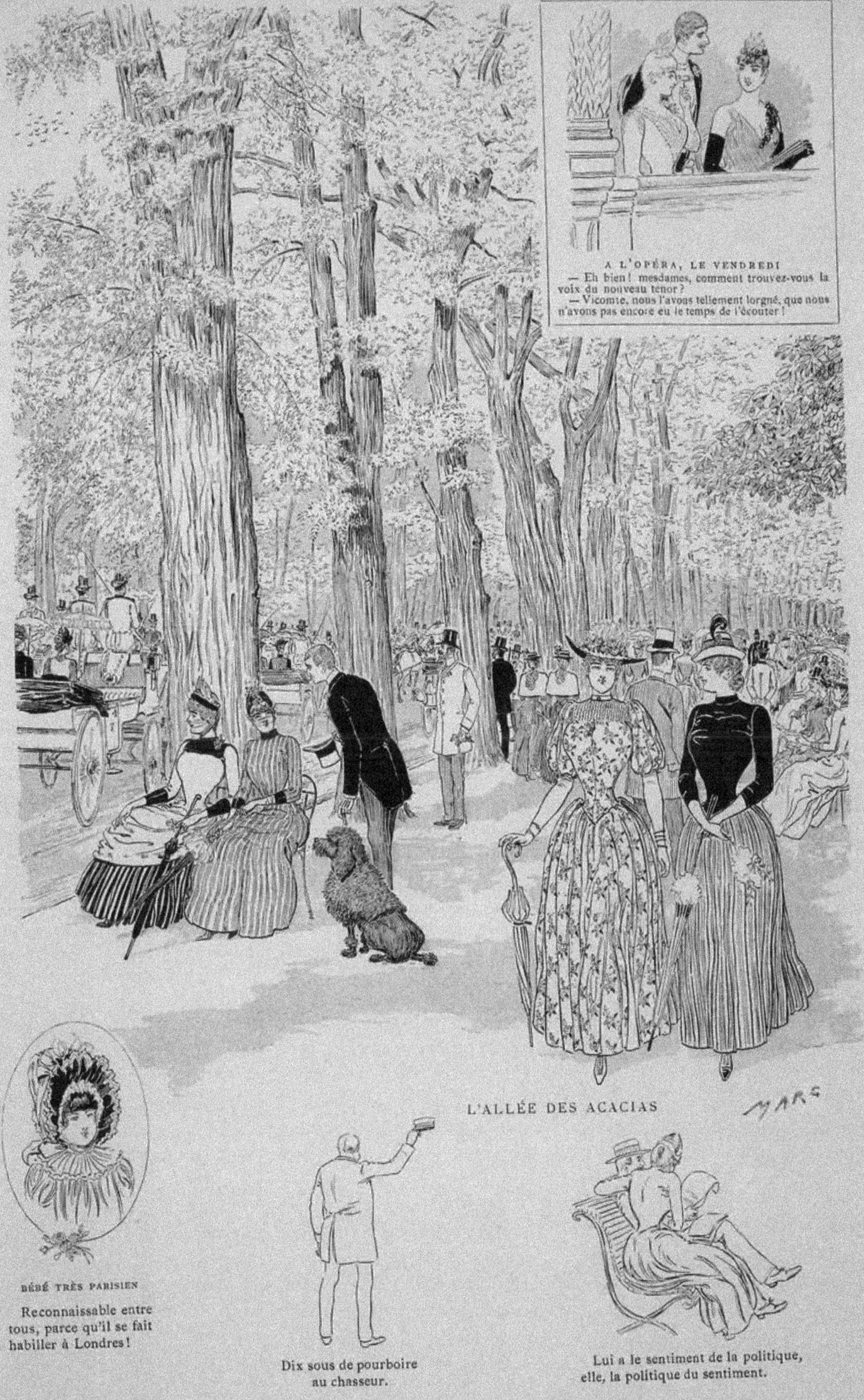

A L'OPÉRA, LE VENDREDI

— Eh bien! mesdames, comment trouvez-vous la voix du nouveau tenor?

— Vicomte, nous l'avons tellement lorgné, que nous n'avons pas encore eu le temps de l'écouter!

L'ALLÉE DES ACACIAS

BÉBÉ TRÈS PARISIEN

Reconnaissable entre tous, parce qu'il se fait habiller à Londres!

Dix sous de pourboire au chasseur.

Lui a le sentiment de la politique, elle, la politique du sentiment.

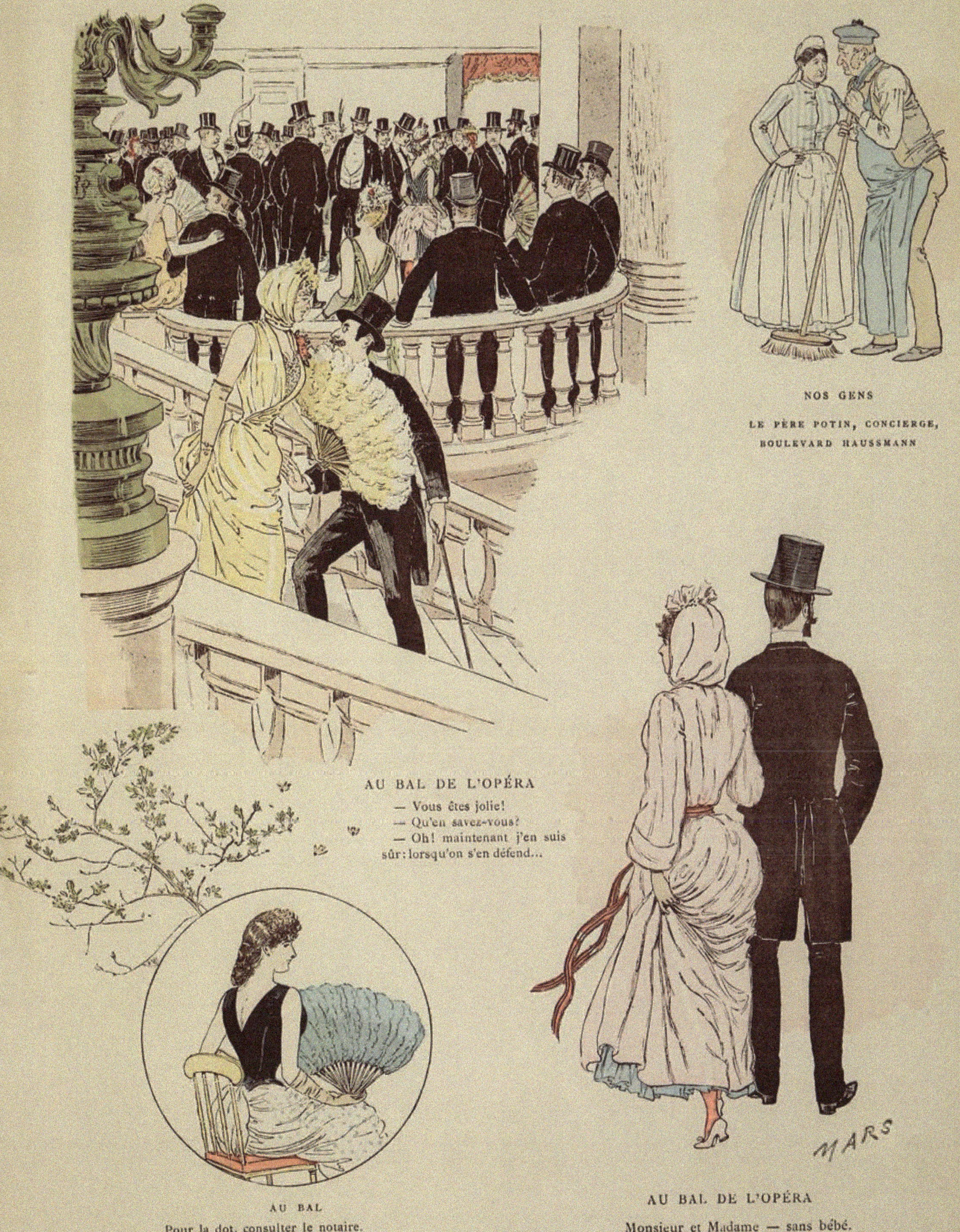

NOS GENS

LE PÈRE POTIN, CONCIERGE, BOULEVARD HAUSSMANN

AU BAL DE L'OPÉRA

— Vous êtes jolie!
— Qu'en savez-vous?
— Oh! maintenant j'en suis sûr: lorsqu'on s'en défend...

AU BAL

Pour la dot, consulter le notaire.
Quant aux sentiments, ils ont cela de bon...
qu'ils ne se mettent pas dans le contrat!

AU BAL DE L'OPÉRA

Monsieur et Madame — sans bébé.

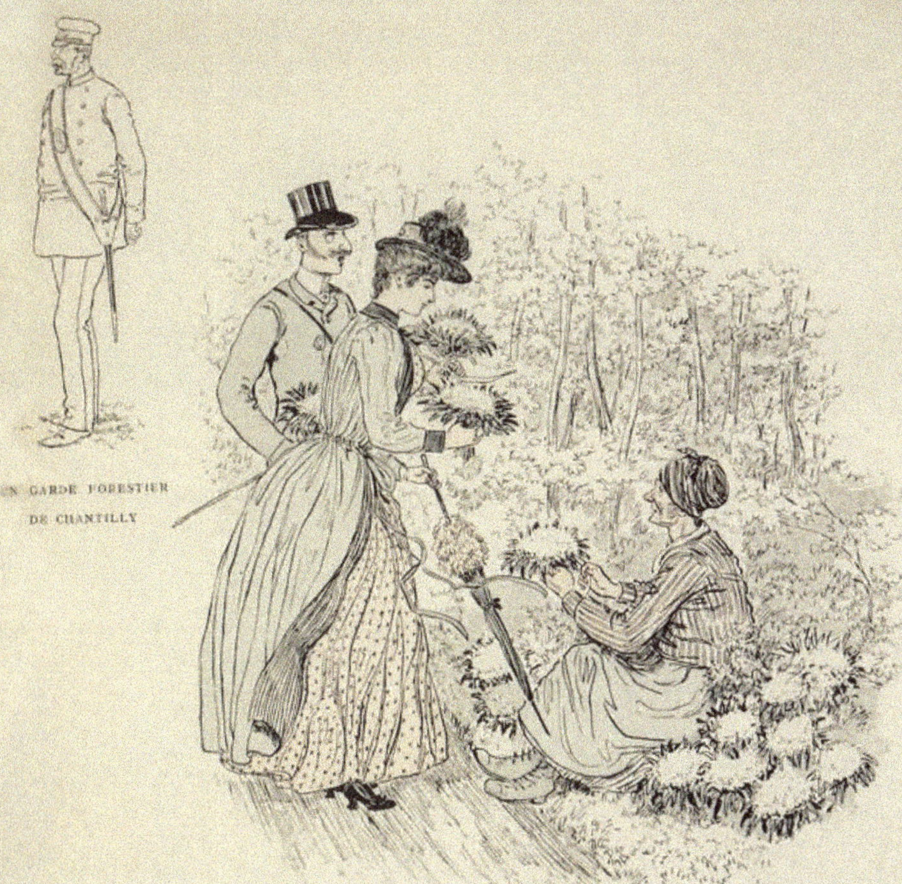

UN GARDE FORESTIER
DE CHANTILLY

AU DERBY DE CHANTILLY

LES MUGUETS DU RETOUR

— Comment, ma chère amie, nous allons emporter tout ça?

— Sois tranquille, je ne porterai rien, et tu porteras le reste!

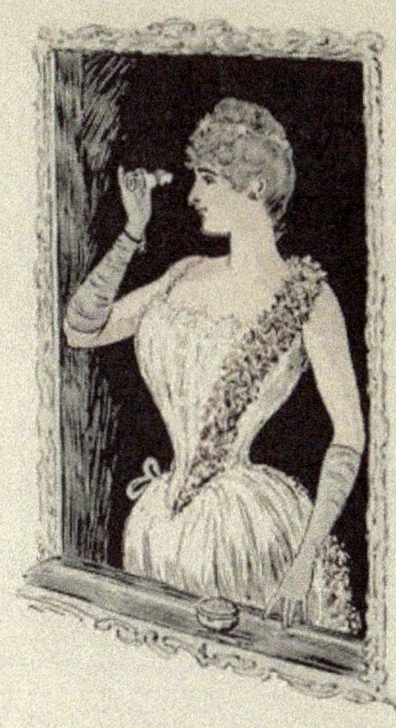

SUZANNE DANS SA BAIGNOIRE
A L'OPÉRA

Vieillards de l'orchestre,
braquez vos lorgnettes.

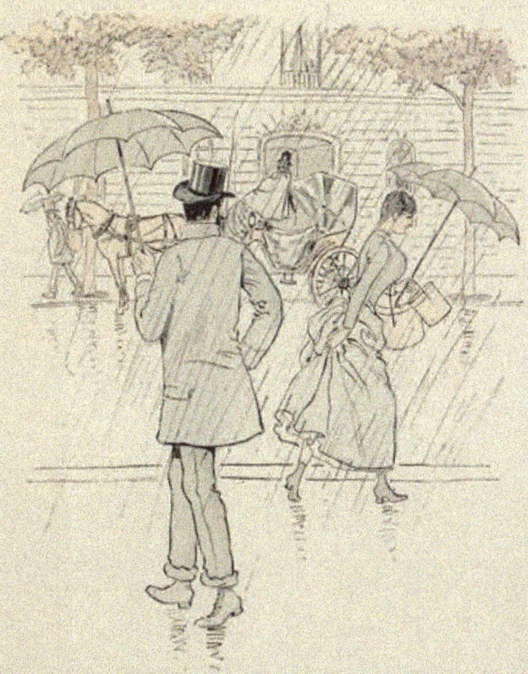

Il pleut, il pleut, bergère,
Ramenez vos jupons

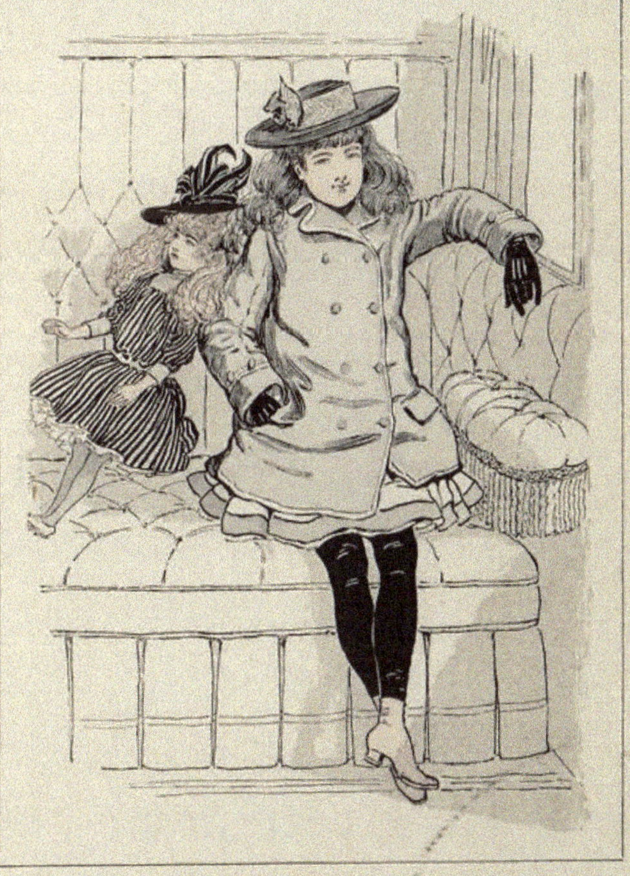

DIMANCHE DE PRINTEMPS

— Hein! ma chérie, j'espère que te voilà radieuse d'aller respirer le bon air à Ville-d'Avray?

— Oh! petite mère, ce n'est pas tant pour moi que pour ma poupée, qui en avait bien besoin!

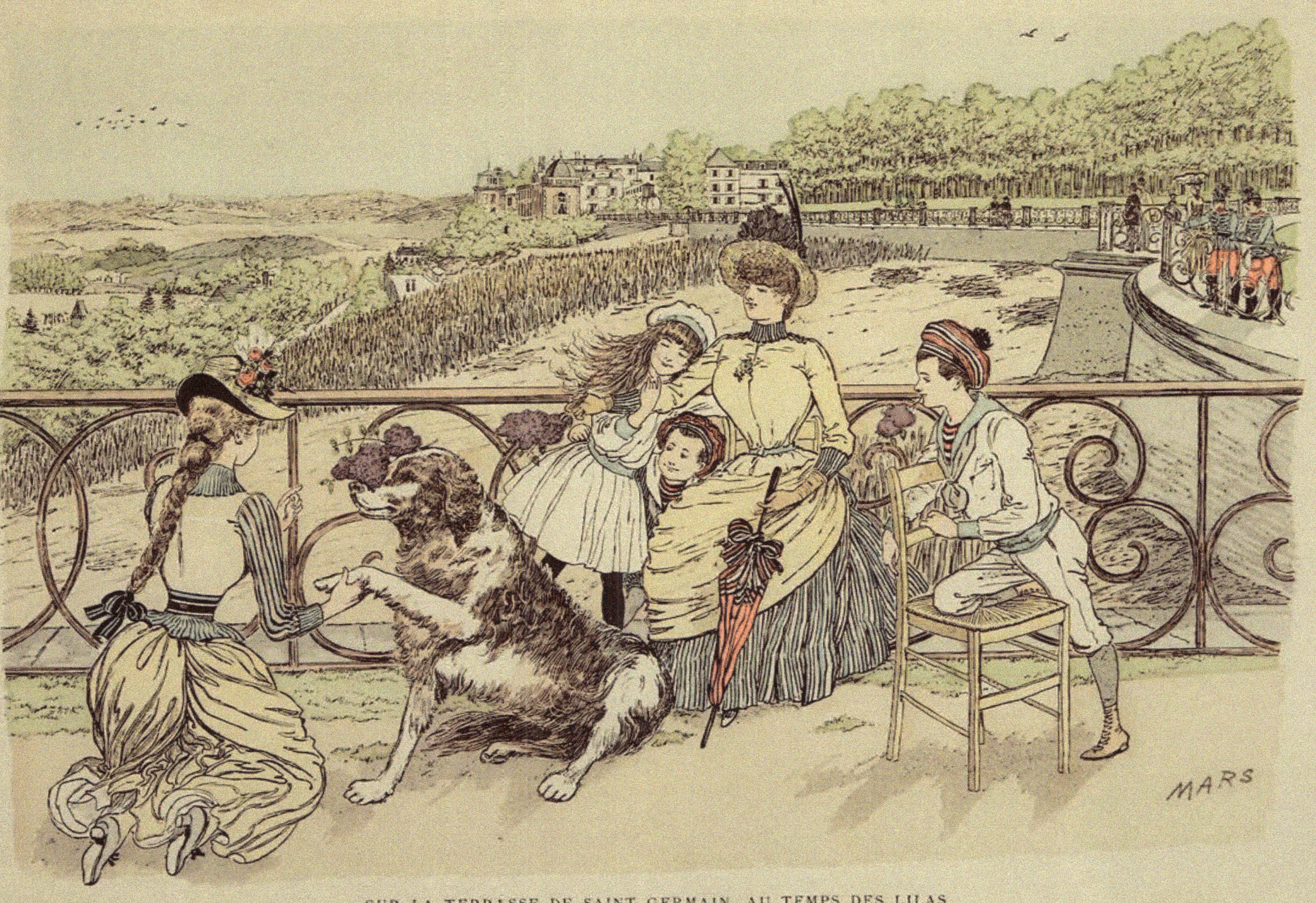

SUR LA TERRASSE DE SAINT-GERMAIN, AU TEMPS DES LILAS

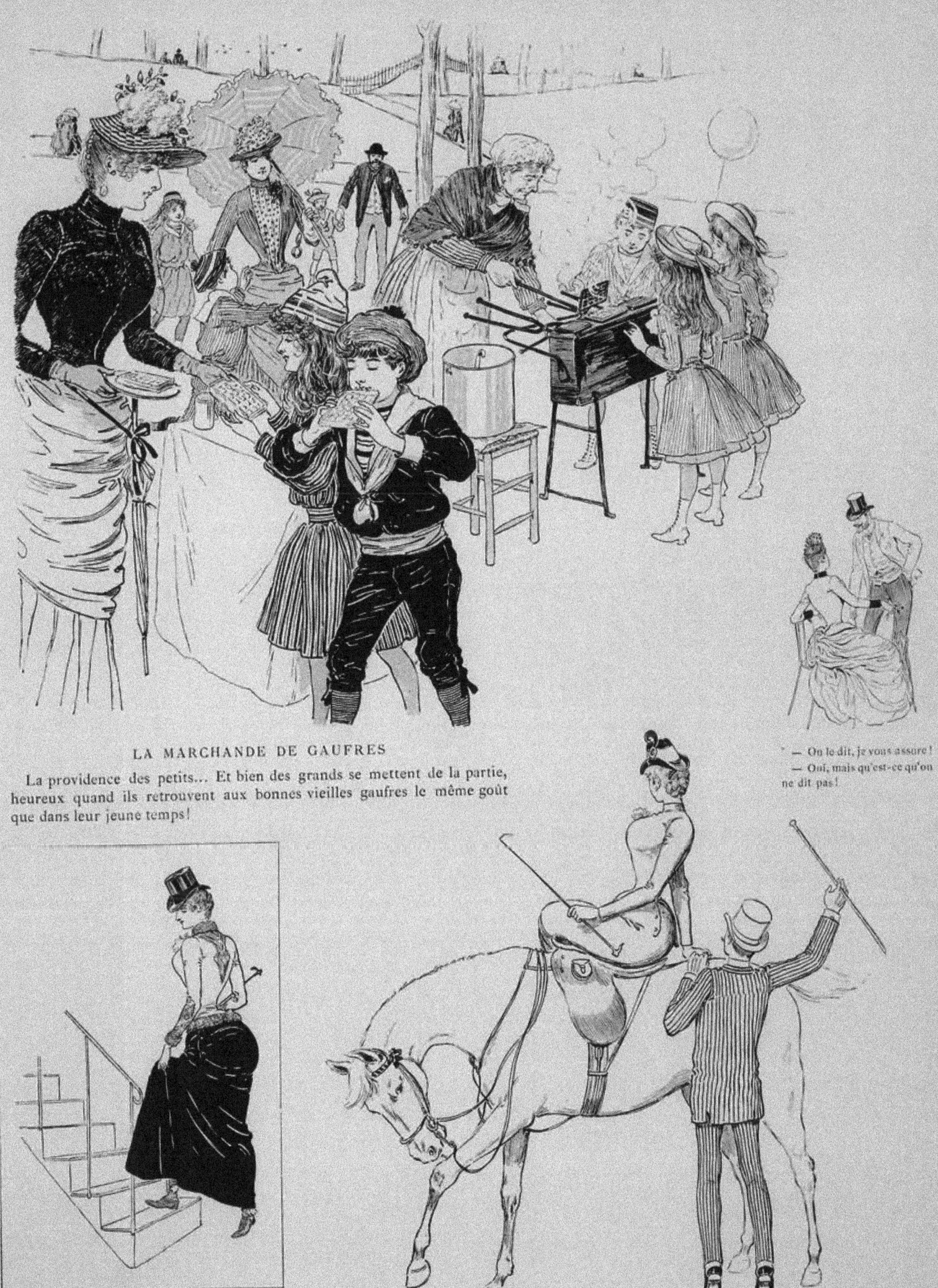

LA MARCHANDE DE GAUFRES

La providence des petits... Et bien des grands se mettent de la partie, heureux quand ils retrouvent aux bonnes vieilles gaufres le même goût que dans leur jeune temps!

— On le dit, je vous assure!

— Oui, mais qu'est-ce qu'on ne dit pas!

A L'ENTRÉE DE L'AVENUE

Saute de son coupé, franchit l'escalier,
et d'un bond la voilà en selle.
Ah! madame, c'est trop court!

PHOTOGRAPHIE HIPPIQUE

Une jolie « gauchère », sa bête — et son imbécile!

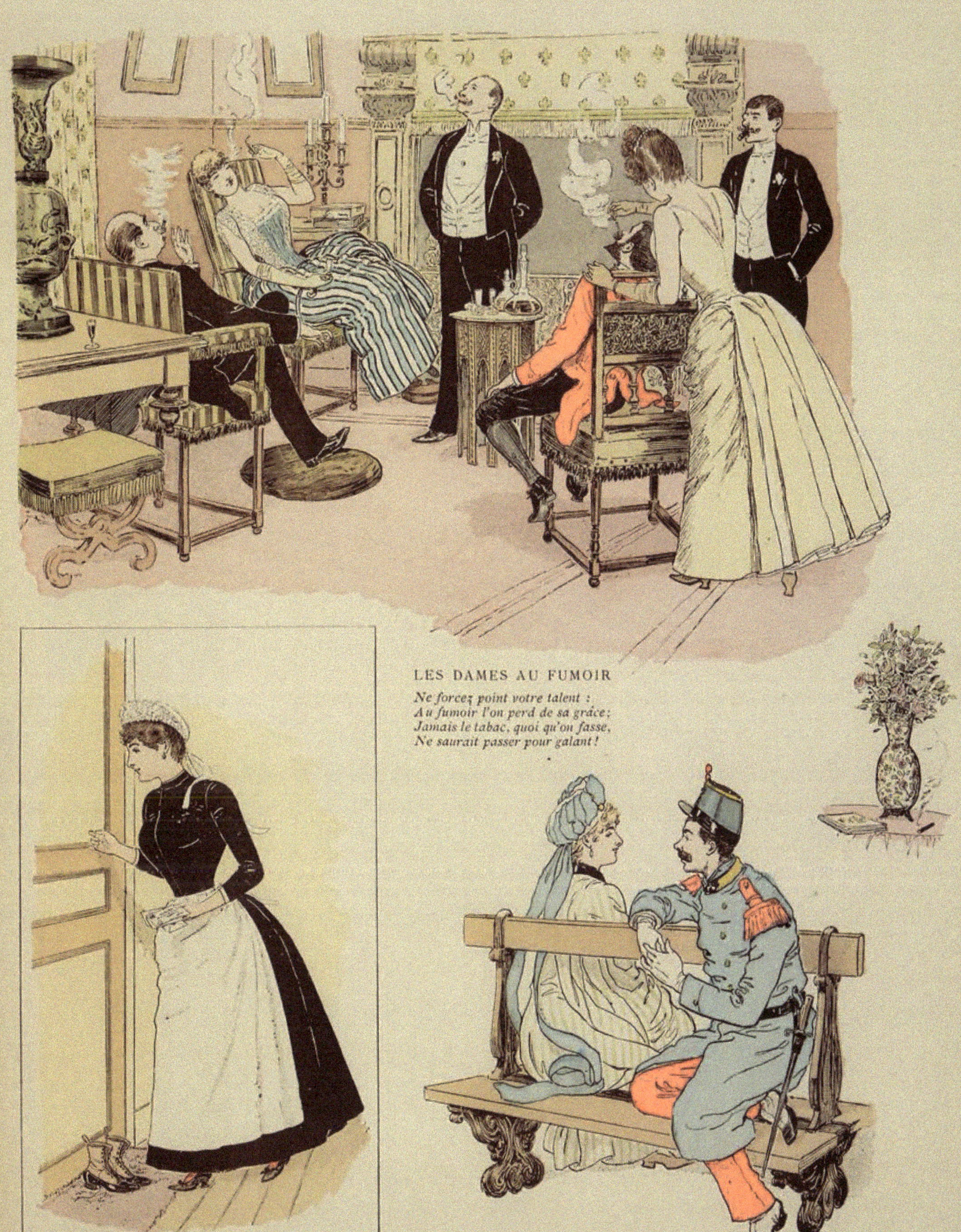

LES DAMES AU FUMOIR

Ne forcez point votre talent :
Au fumoir l'on perd de sa grâce;
Jamais le tabac, quoi qu'on fasse,
Ne saurait passer pour galant!

NOS GENS

MADEMOISELLE HORTENSE

FEMME DE CHAMBRE TRÈS PARISIENNE

AU LUXEMBOURG — LES « PAYS »

— Que pour lorss', mamzelle Ugénie, nous v'là comme ça dans la même garnison?

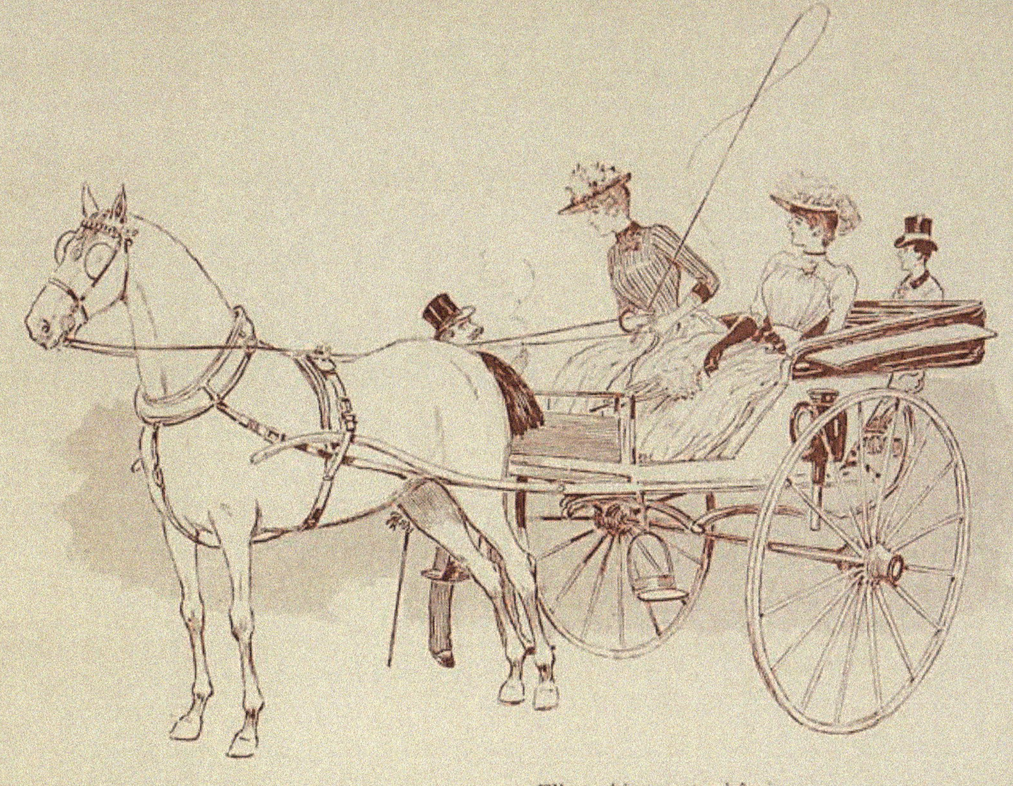

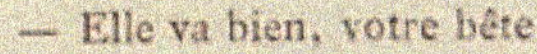
— Elle va bien, votre bête?

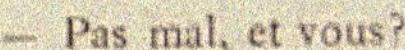
— Pas mal, et vous?

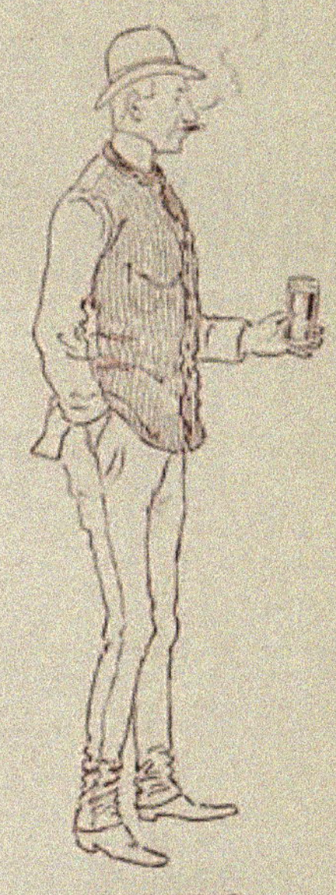

NOS GENS

« Le cocher Ernest, de la rue de Ponthieu. »

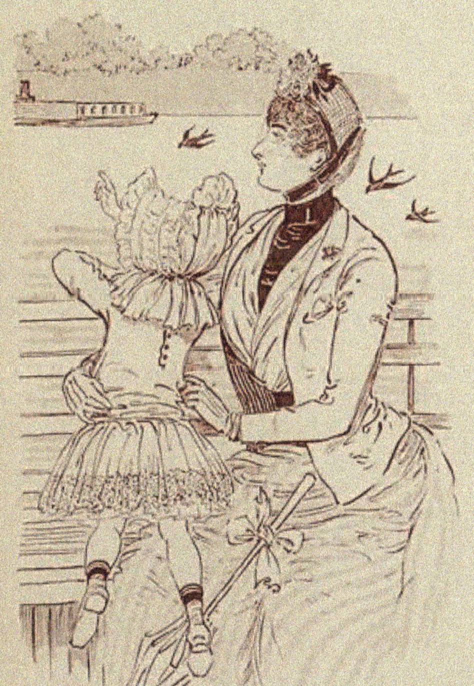

EN BATEAU-MOUCHE

— Et pourquoi, dis, maman, il monte toujours, le ballon?
— Tu m'ennuies, bébé! Pour avoir plus d'air!

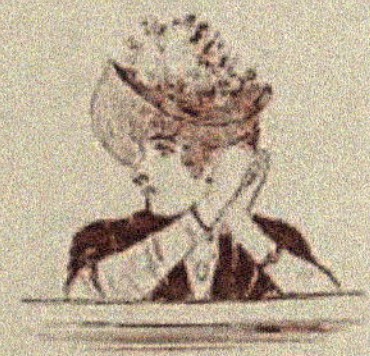

ENTR'ACTE

— Franchement, je trouve qu'il y met son temps, à aller m'acheter des caramels!

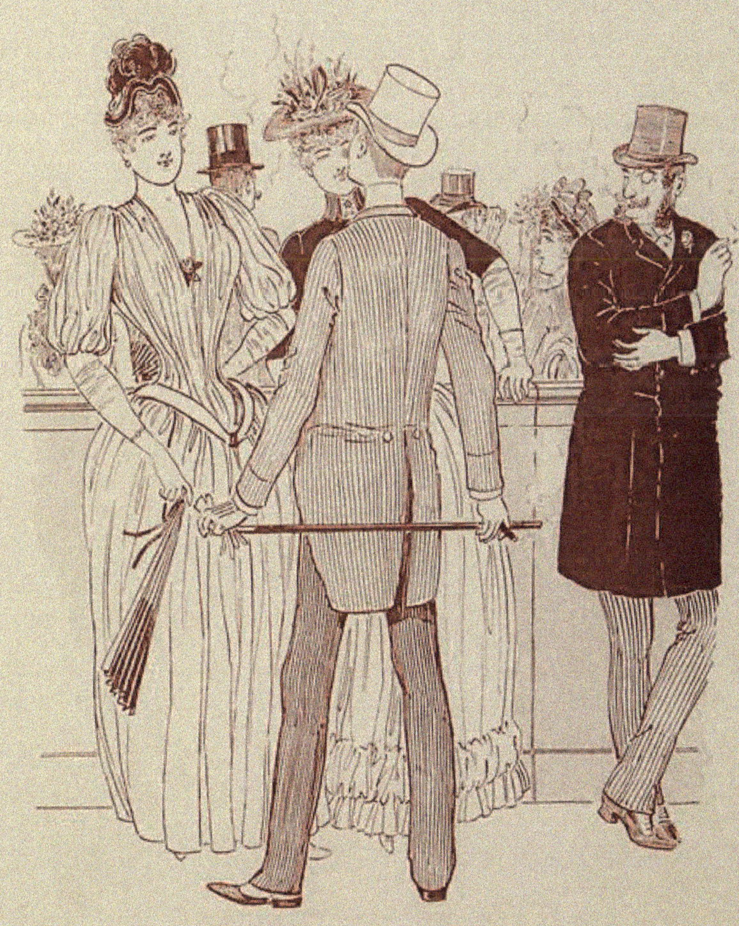

LE PROMENOIR DE L'HIPPODROME

— Mesdames, vous n'auriez point vu mon oncle, par hasard?
— Pas ce soir!

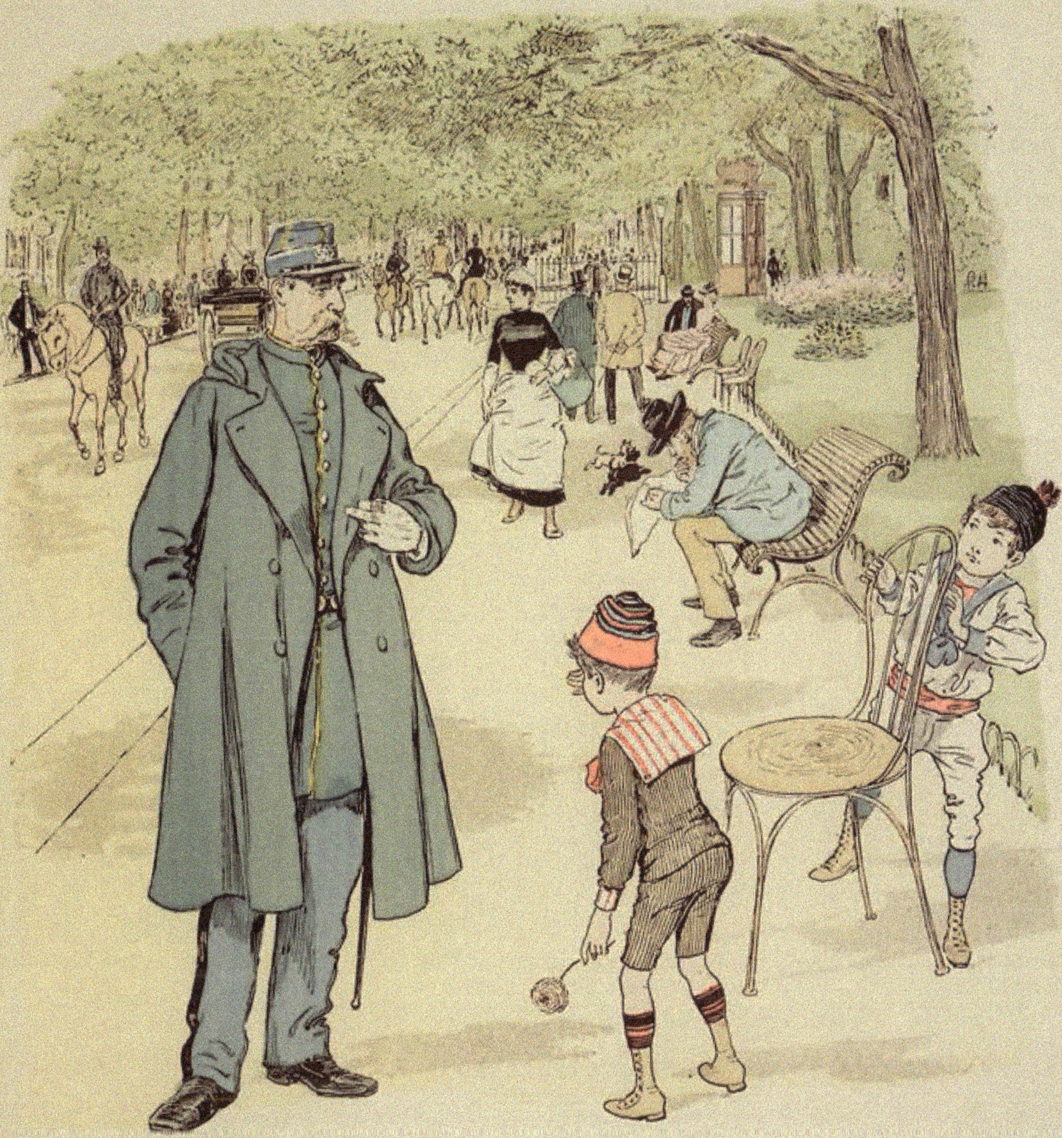

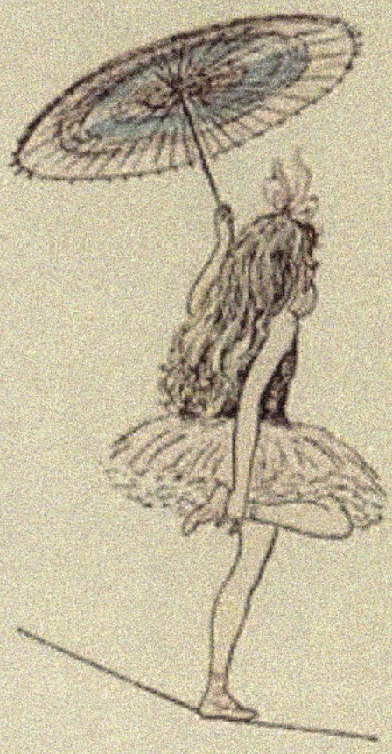

AU PARC MONCEAU

— Qu' ça signifie? pourquoi avez-vous coupé cette fleur?
— J' sais pas, m'sieu! C'était... pour vous l'offrir!

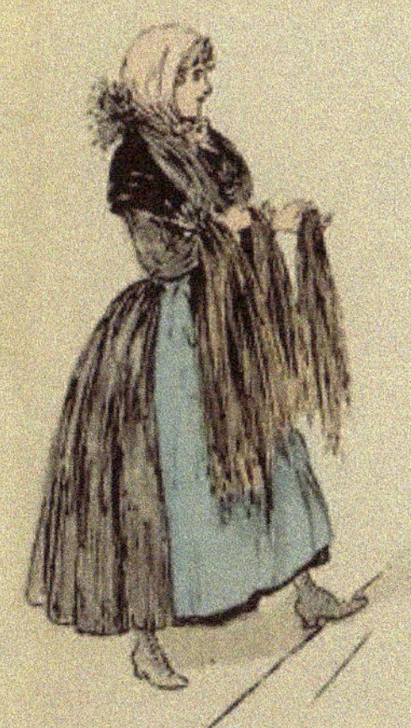

UNE PETITE MARCHANDE
DU QUARTIER DE LA MADELEINE

Prend les passants... au lacet.

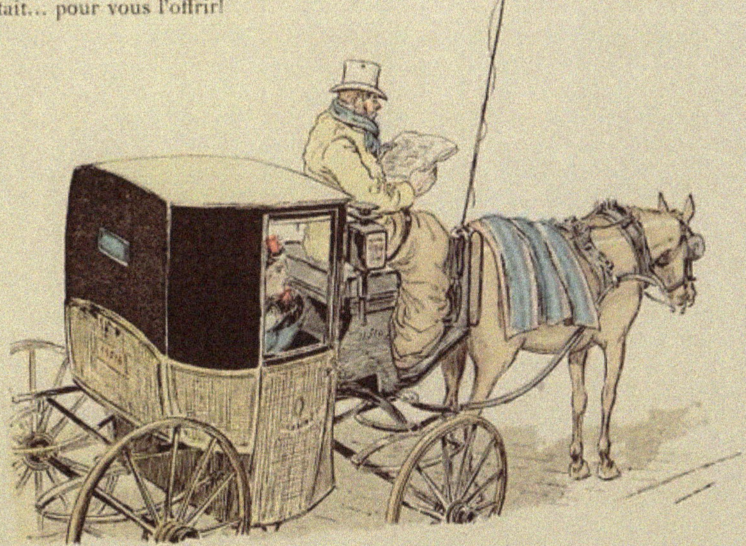

JOLIE BOURSICOTIÈRE GUETTANT SON REMISIER, PLACE DE LA BOURSE

Elle attend les cours du jour; son cocher lit ceux de la veille : la Bourse, c'est la vie!

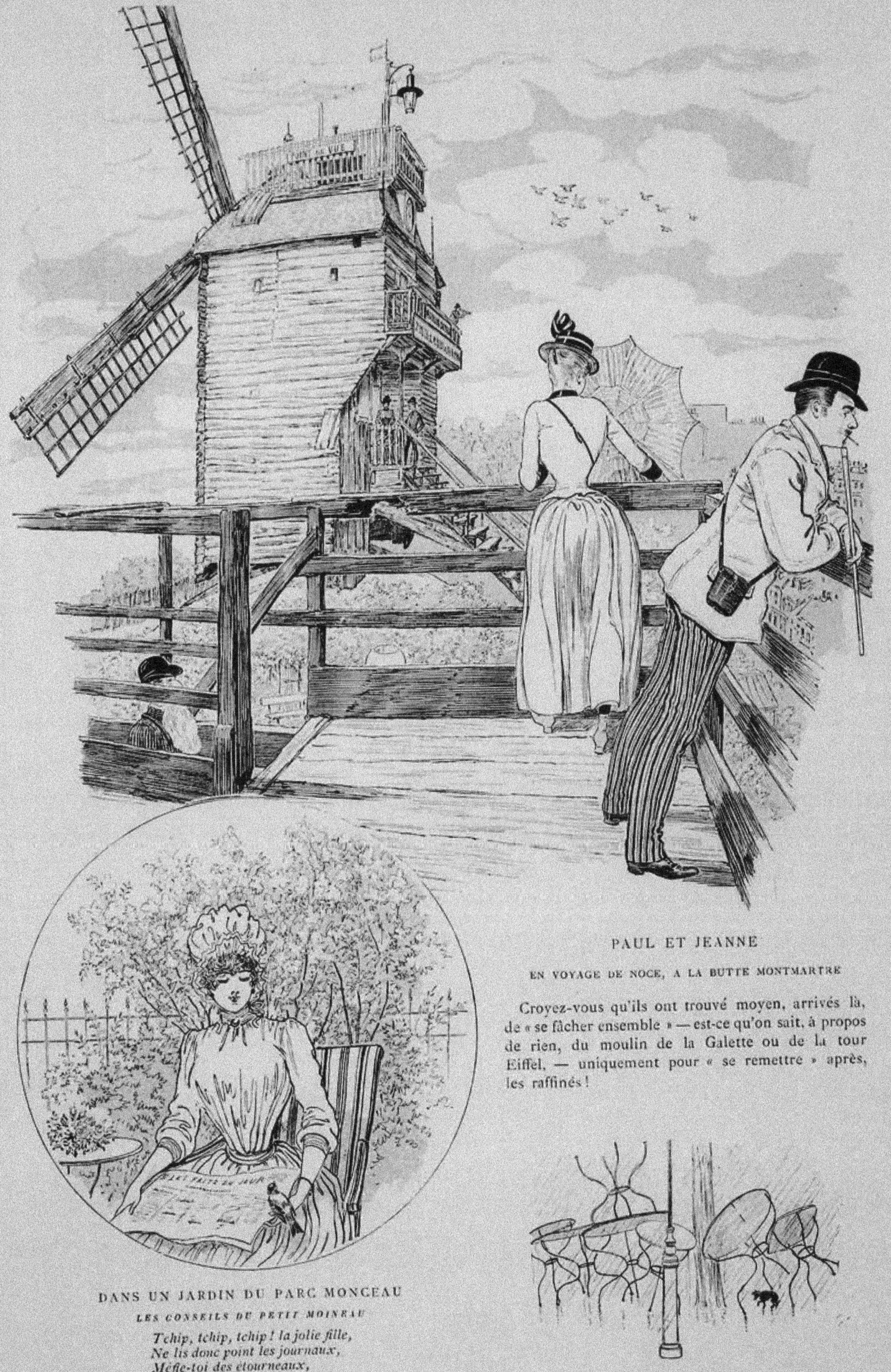

PAUL ET JEANNE

EN VOYAGE DE NOCE, A LA BUTTE MONTMARTRE

Croyez-vous qu'ils ont trouvé moyen, arrivés là, de « se fâcher ensemble » — est-ce qu'on sait, à propos de rien, du moulin de la Galette ou de la tour Eiffel, — uniquement pour « se remettre » après, les raffinés !

DANS UN JARDIN DU PARC MONCEAU

LES CONSEILS DU PETIT MOINEAU

Tchip, tchip, tchip ! la jolie fille,
Ne lis donc point les journaux,
Méfie-toi des étourneaux,
Aime le soleil qui brille :
Tchip, tchip, tchip ! Sois bonne fille !

Pauv' 'tit toutou, va!

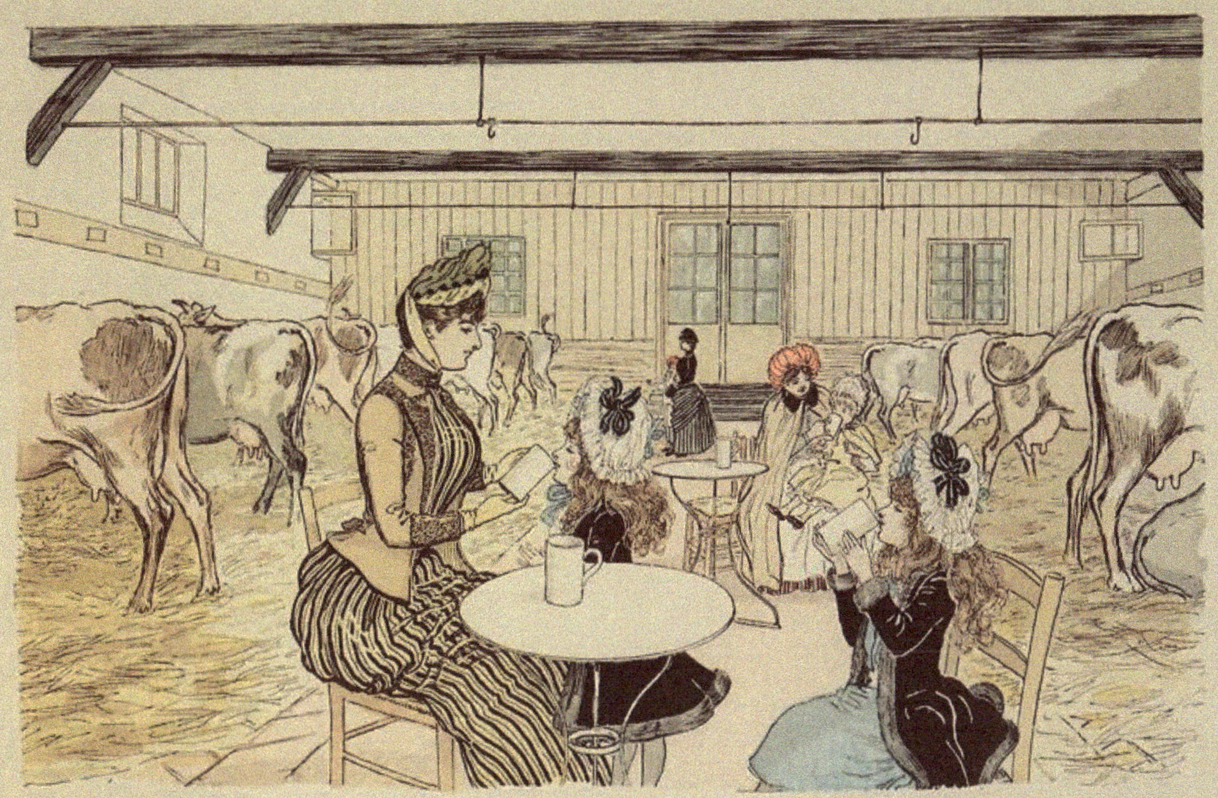

GOUTER A LA VACHERIE DU PRÉ CATELAN
Yvonne trouve que si les vaches donnaient des bols de chocolat, au lieu de lait, ce serait bien meilleur!

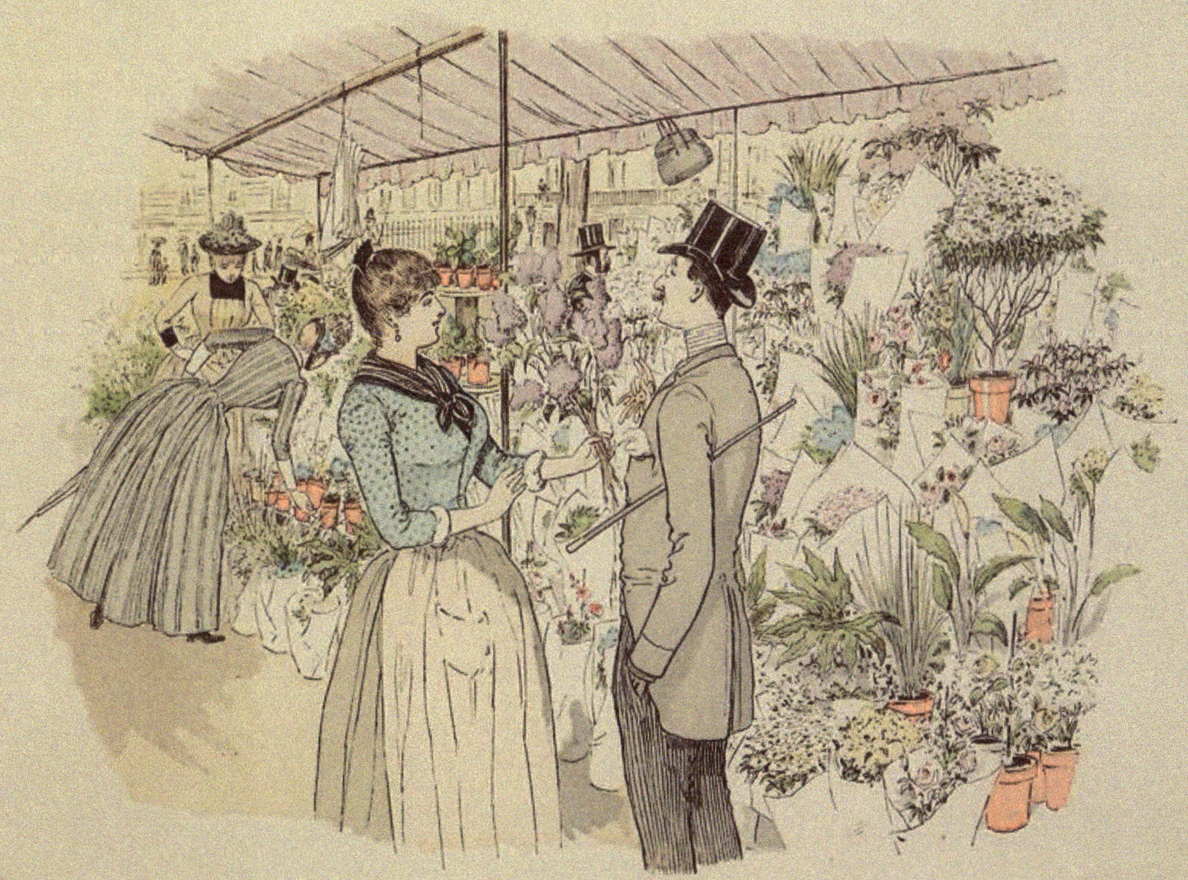

AU MARCHE AUX FLEURS DE LA MADELEINE
— Oh! monsieur, ce n'est pas cher : voyez ce qu'ils sont frais!
— Heu! ça me serait égal qu'ils fussent un peu défraîchis : c'est pour la fête de belle-maman!

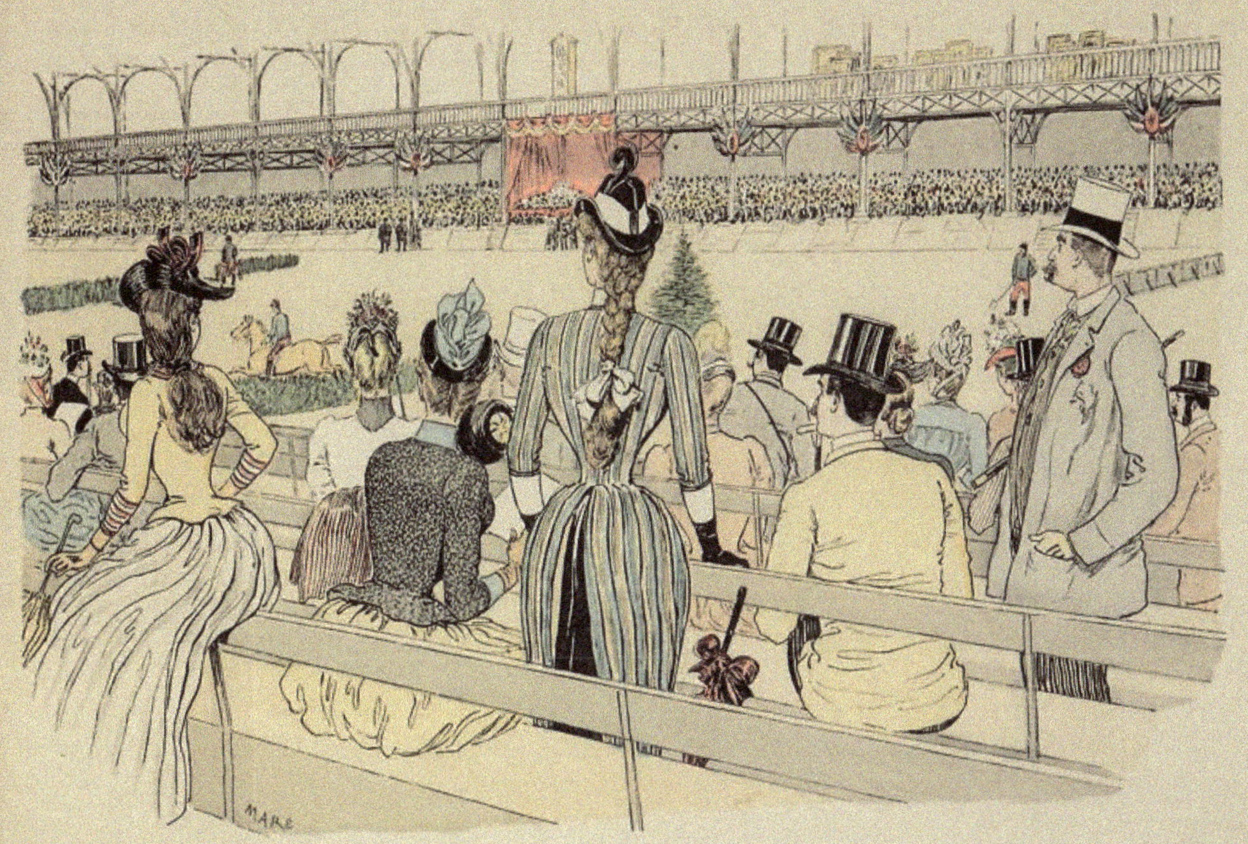

LE JOUR DE LA COUPE, AU CONCOURS HIPPIQUE

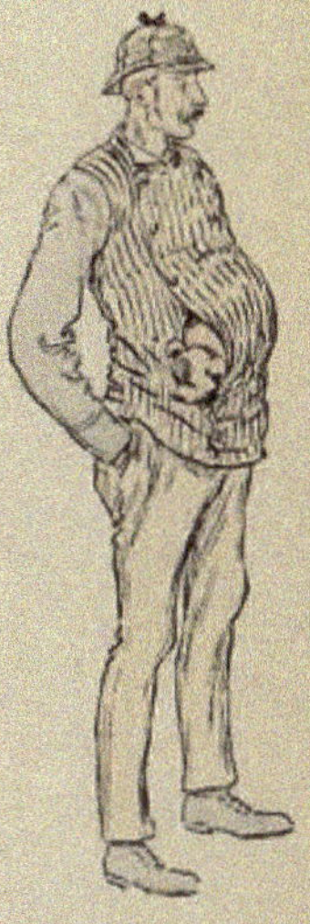

AUX ÉCURIES

Quand il y a du gilet pour un, il y en a pour deux!

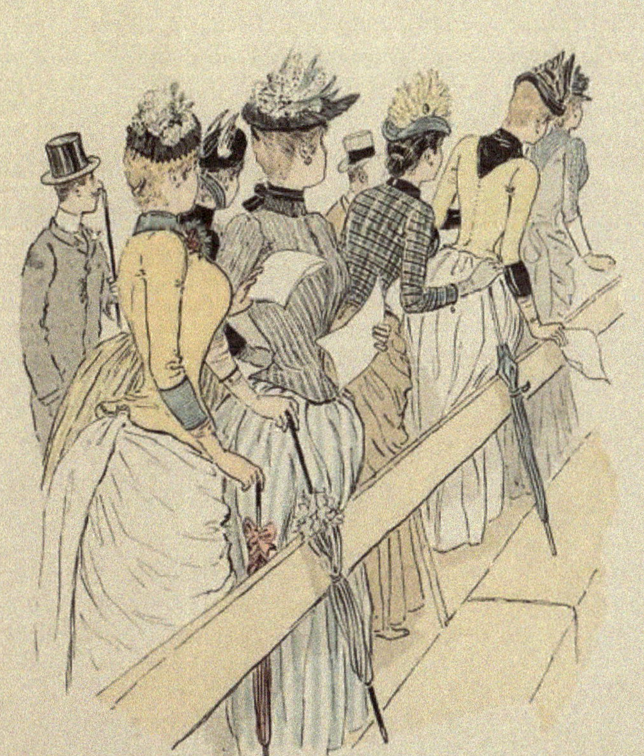

A L'HIPPIQUE

UN CLAN DE BONS PETITS CŒURS
A L'AFFUT DES CULBUTES

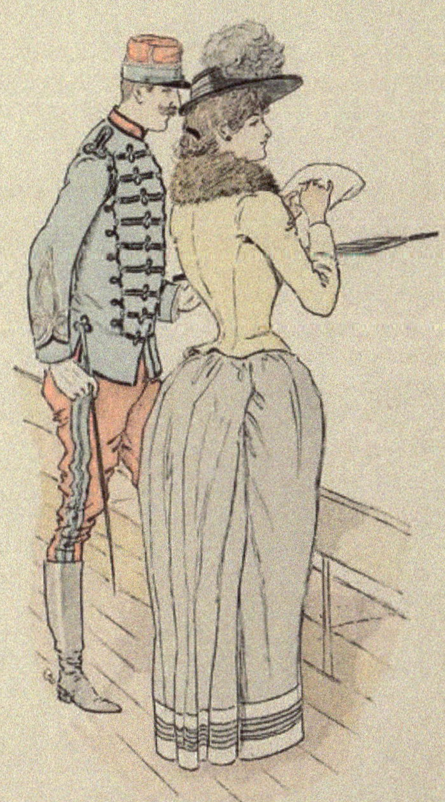

A L'HIPPIQUE

LA GENREUSE QUI MARQUE AVEC RAGE

— Je vois, madame, que vous ne passez rien : si vous notez ainsi vos quarts de faute...

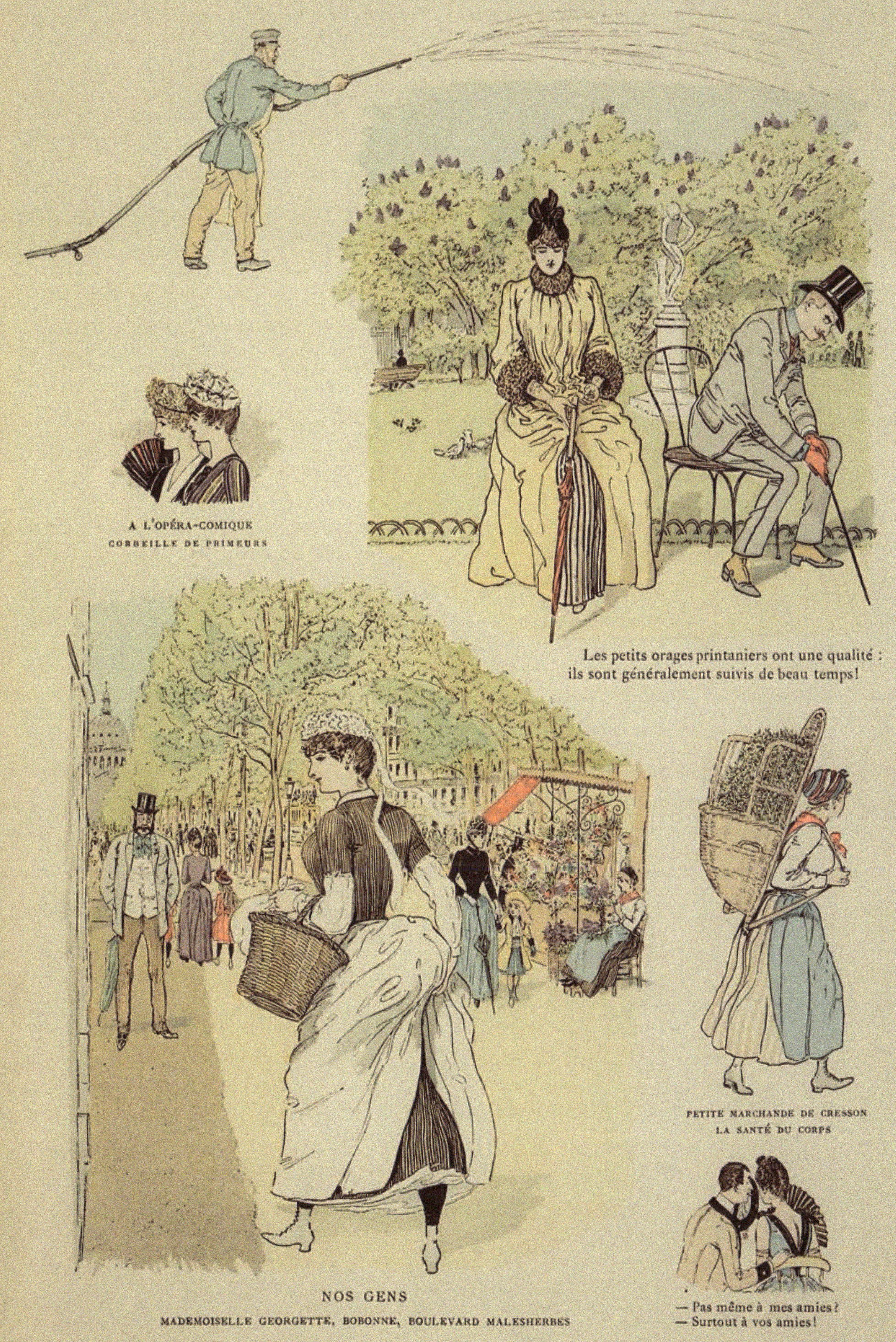

A L'OPÉRA-COMIQUE
CORBEILLE DE PRIMEURS

Les petits orages printaniers ont une qualité :
ils sont généralement suivis de beau temps!

PETITE MARCHANDE DE CRESSON
LA SANTÉ DU CORPS

NOS GENS
MADEMOISELLE GEORGETTE, BOBONNE, BOULEVARD MALESHERBES

— Pas même à mes amies?
— Surtout à vos amies!

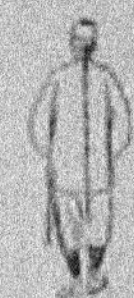

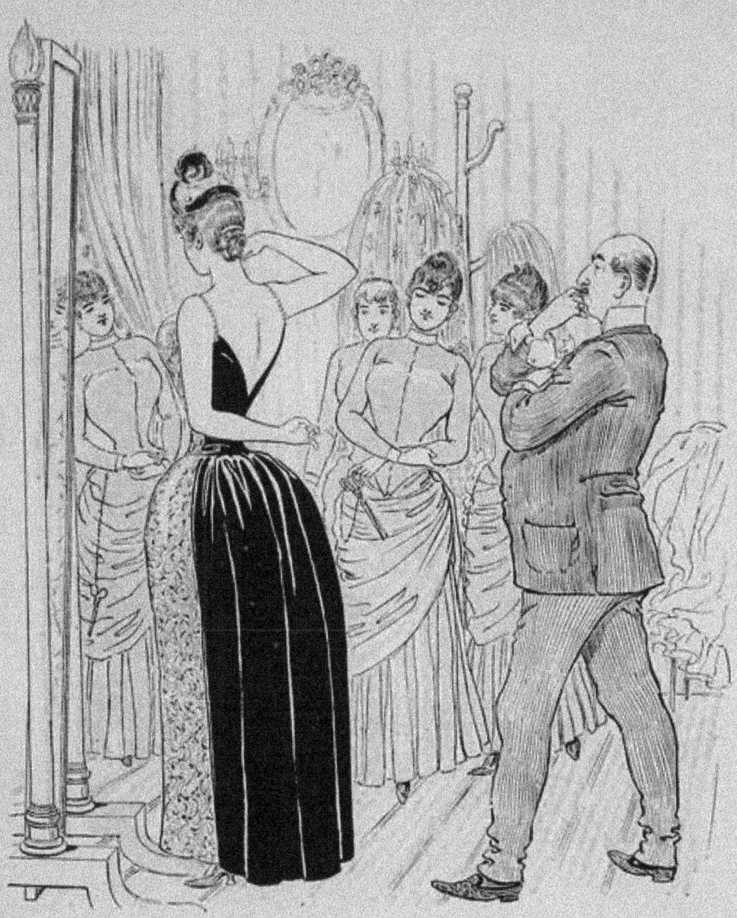

MADAME CHEZ SON COUTURIER

— S'il entrait dans mes principes de flatter mes clientes, je ne cacherais pas à madame la comtesse qu'elle est peut-être ma plus belle création!

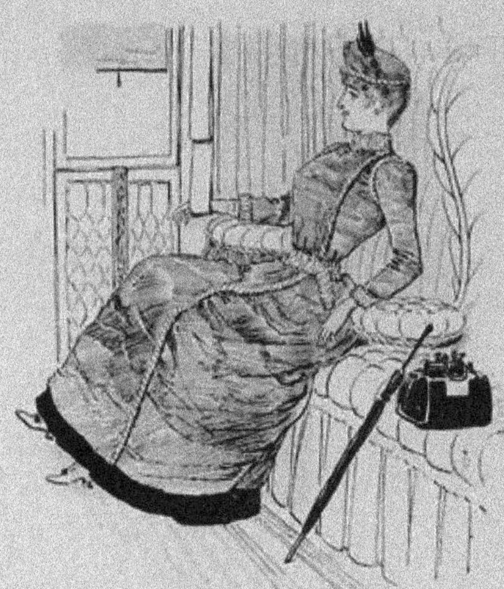

PETIT DÉPLACEMENT

Une friture à Nogent, en catimini.

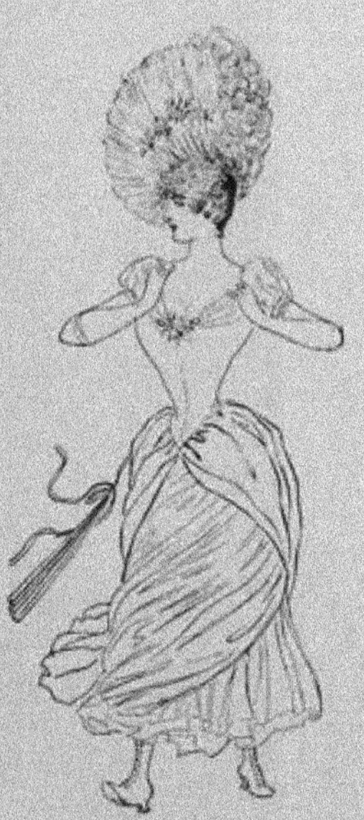

AU CAFÉ-CONCERT

Les vacillements de l'étoile.

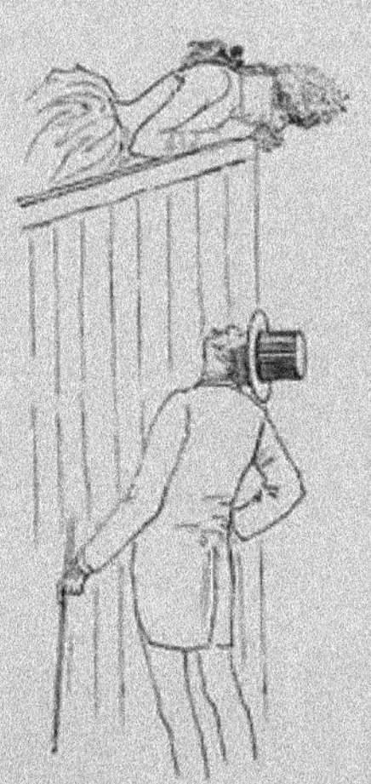

A L'HIPPIQUE

Le potin du jour, à l'entrée des écuries

Se murmure très haut, pour que personne ne l'entende!

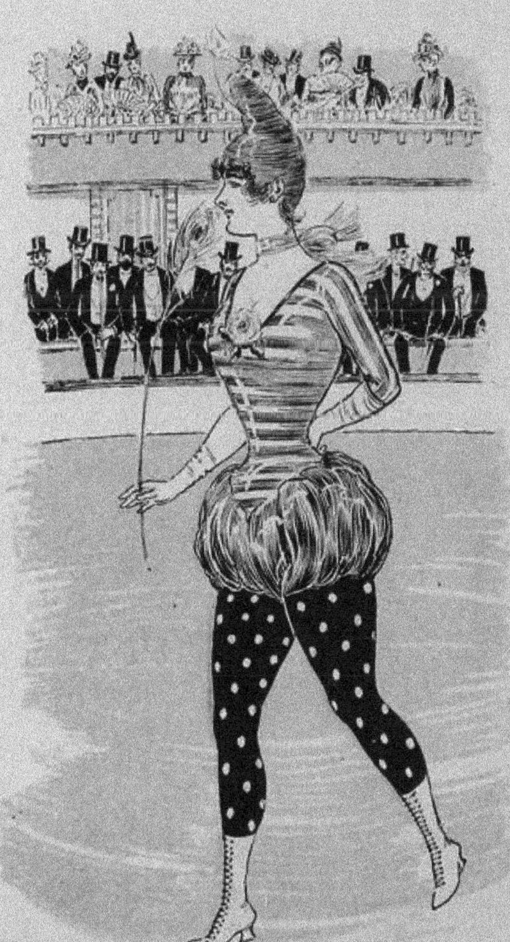

UNE CLOWNESSE DU CIRQUE MOLIER

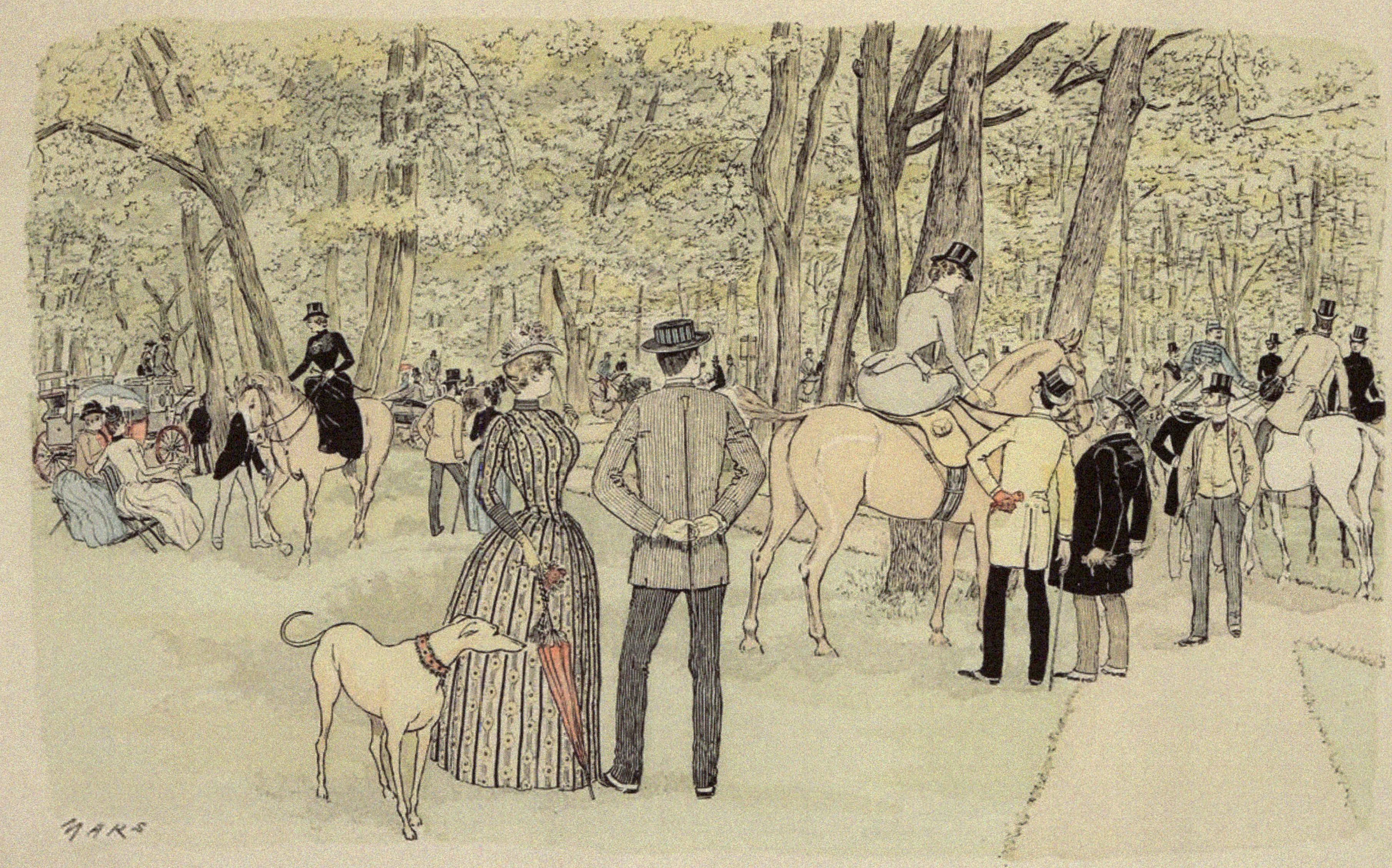

AU BOIS — LES DÉLICIEUSES MATINÉES DE LA POTINIÈRE

— Mon cher comte, je vous prie de croire que si je montais à cheval, vous me verriez tout aussi confortablement assise !

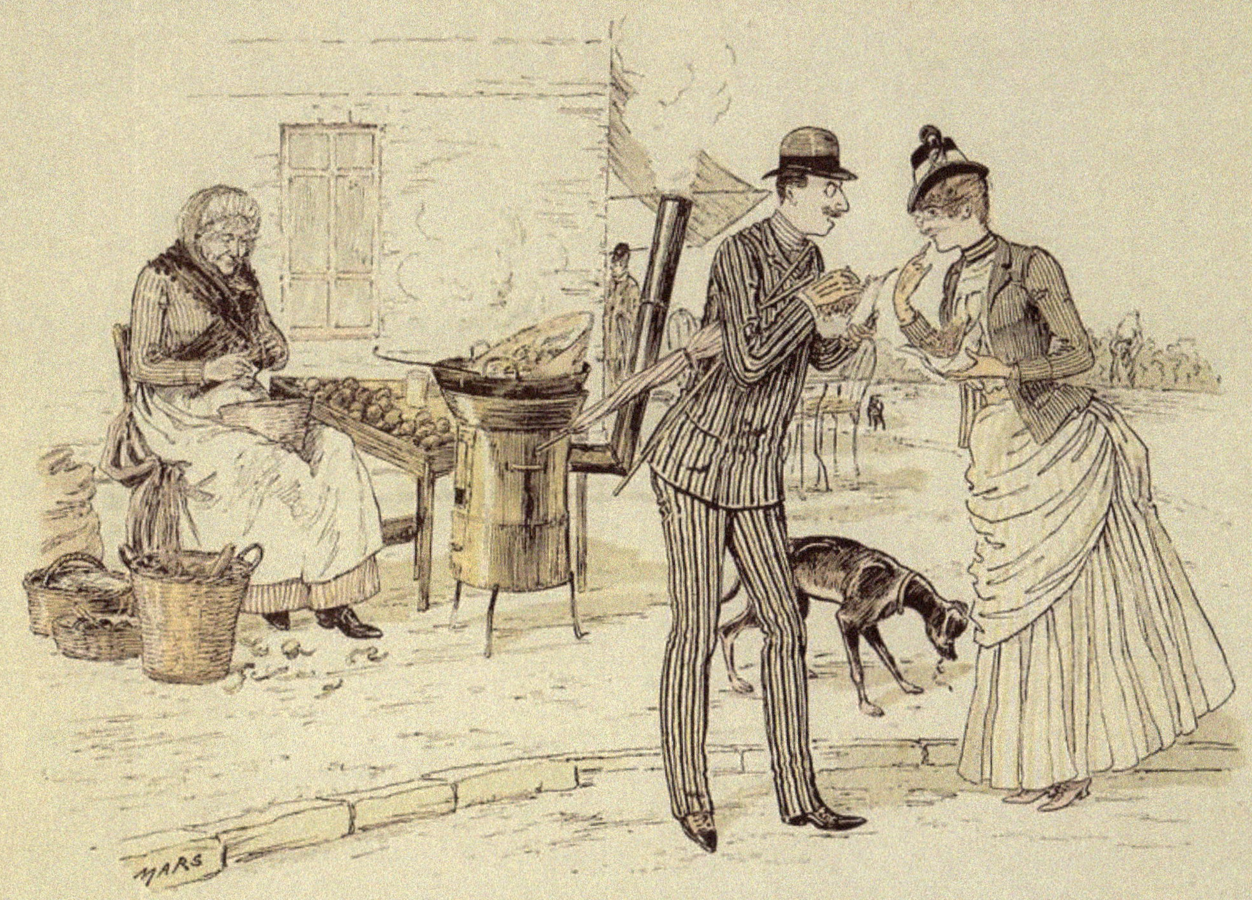

UNE HALTE CHEZ LA MÈRE AUX FRITES (ILE DE LA GRANDE-JATTE)

— Dis donc, si on nous voyait, ce serait bête!
— Oui, mais nous le raconterons, ce sera drôle!

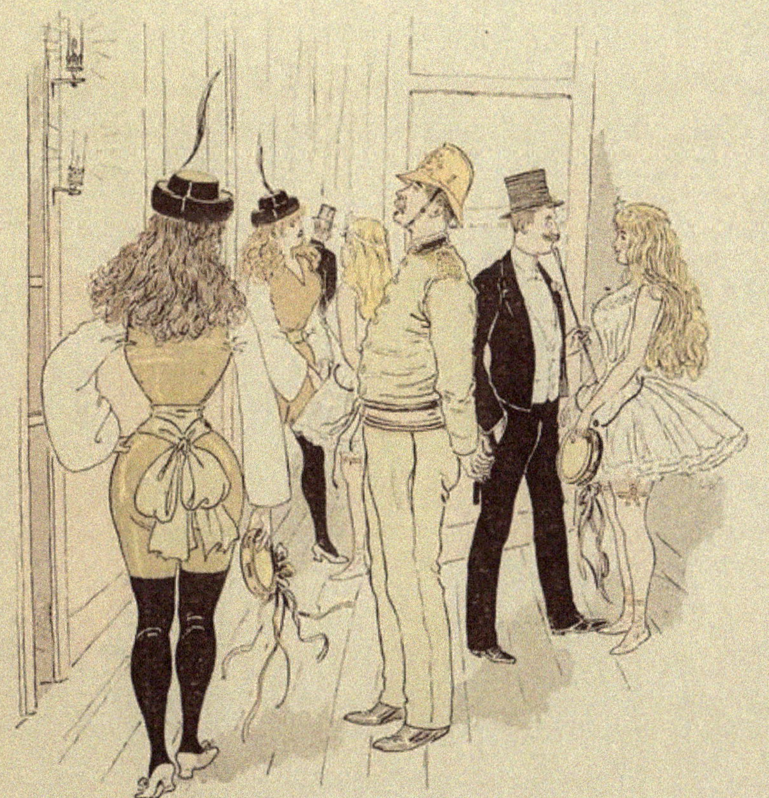

LE POMPIER AU THÉATRE

Dans son regard aucun trouble ne perce :
Le vrai pompier n'a d'yeux que pour sa herse!

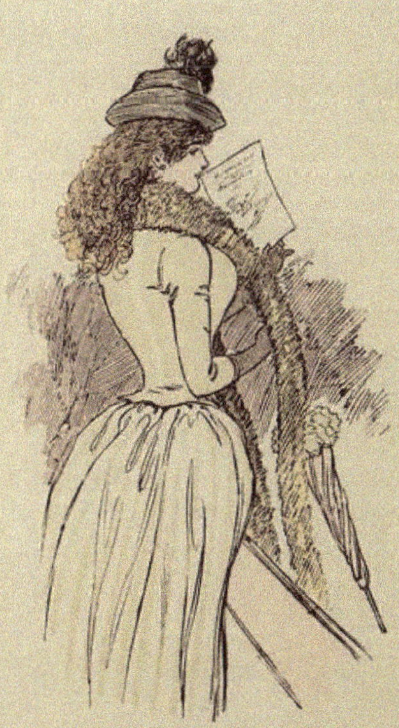

UNE SPECTATRICE ANXIEUSE
AUX STEEPLE-CHASES DE LA CROIX-DE-BERNY

— Mon p'tit lieutenant, si jamais tu te casses quelque chose, gare à toi, tu me payeras ça!

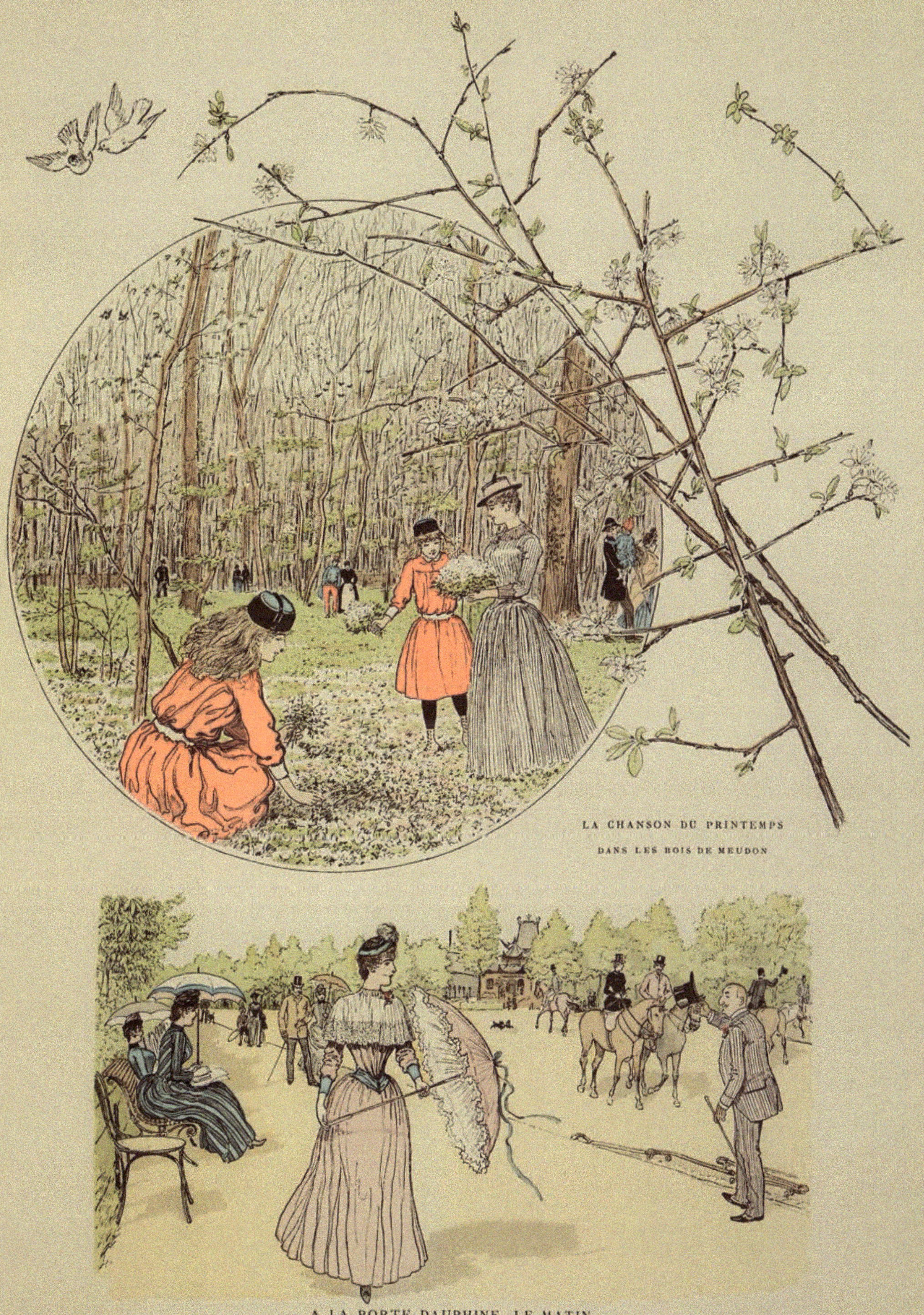

LA CHANSON DU PRINTEMPS

DANS LES BOIS DE MEUDON

A LA PORTE DAUPHINE, LE MATIN

Avez-vous remarqué le petit René, un petit poseur? Il a la manie de saluer toutes les jolies femmes qui passent. Ces dames le toisent d'un air étonné, mais le petit René est content : on dit de lui, tout bas, qu'il connaît toutes les jolies femmes!

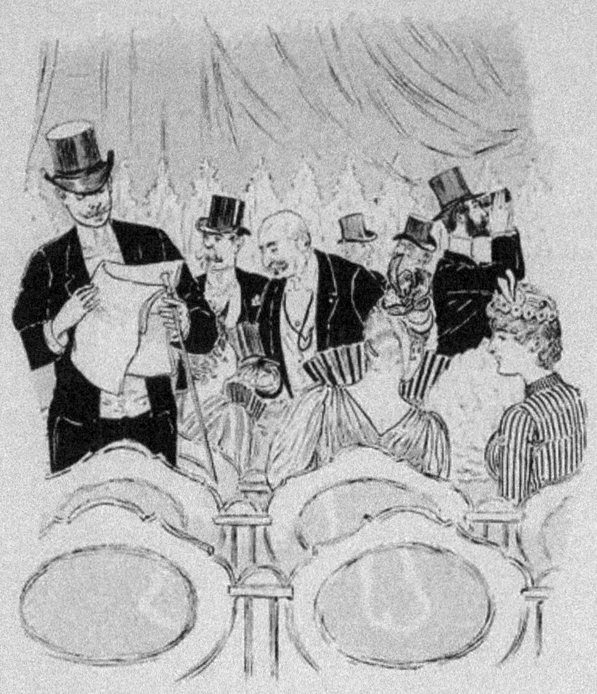

ENTR'ACTE DE PREMIÈRE

— Eh bien! qu'en pensez-vous?
— Heu! j'aime mieux n'en rien dire.
— Ça, c'est gentil : vous ne voulez pas influencer la critique!

MADAME ATTEND L'OMNIBUS

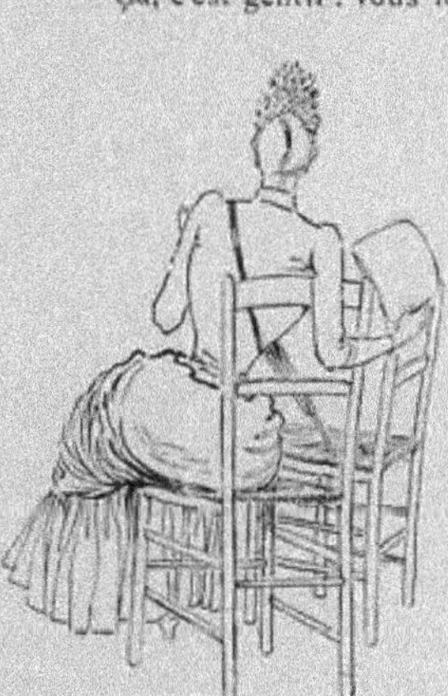

A AUTEUIL

Chaise retenue; obstacle infranchissable!

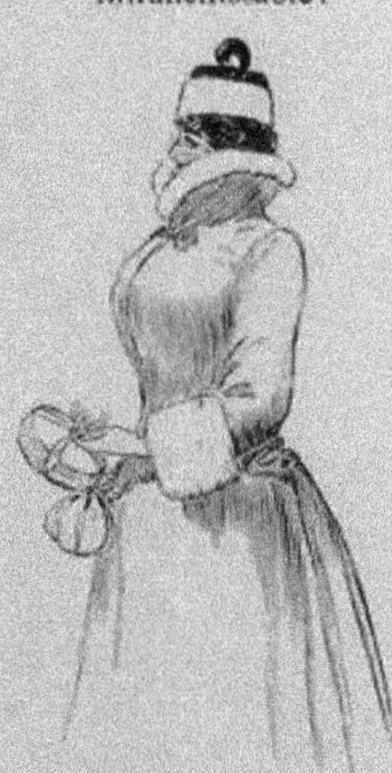

POUR LES ÉTRENNES DE BÉBÉ

C'est maman la vraie récompensée.

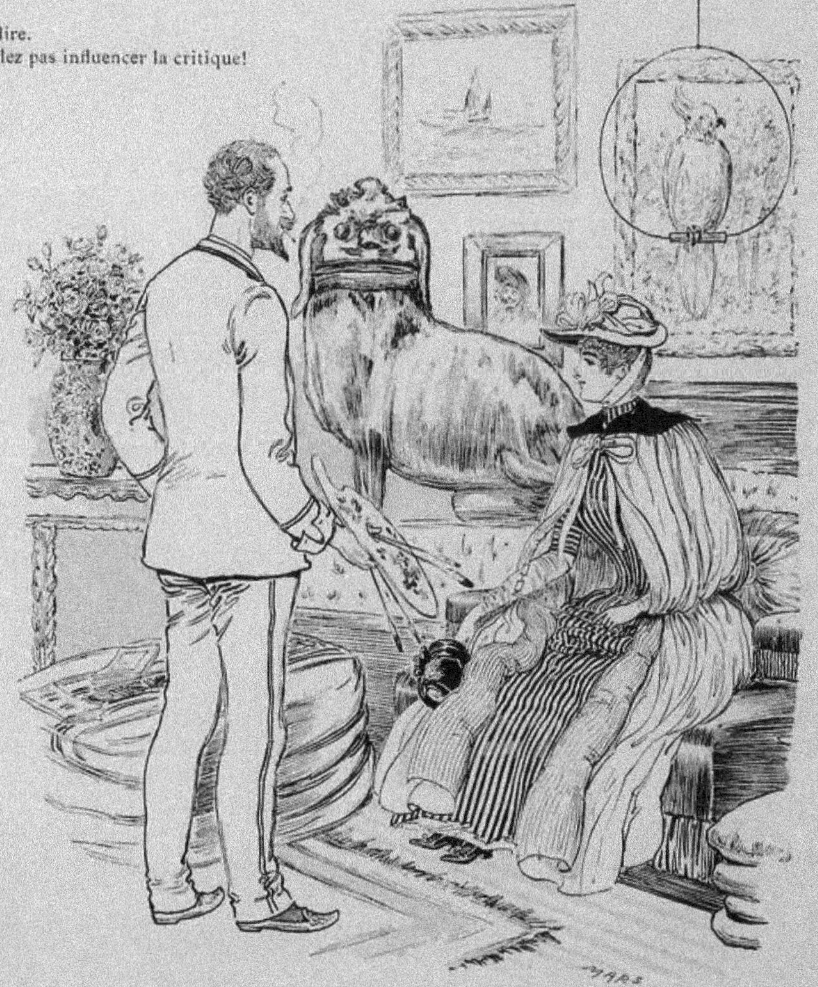

AVANT LE SALON — LA VISITEUSE D'ATELIERS

— Je me sauve, mon cher maître, voilà plus de deux heures que je vous empêche de travailler!
— Mais je vous en prie, comtesse!
— Non, non, je me sauve, j'aime mieux revenir!

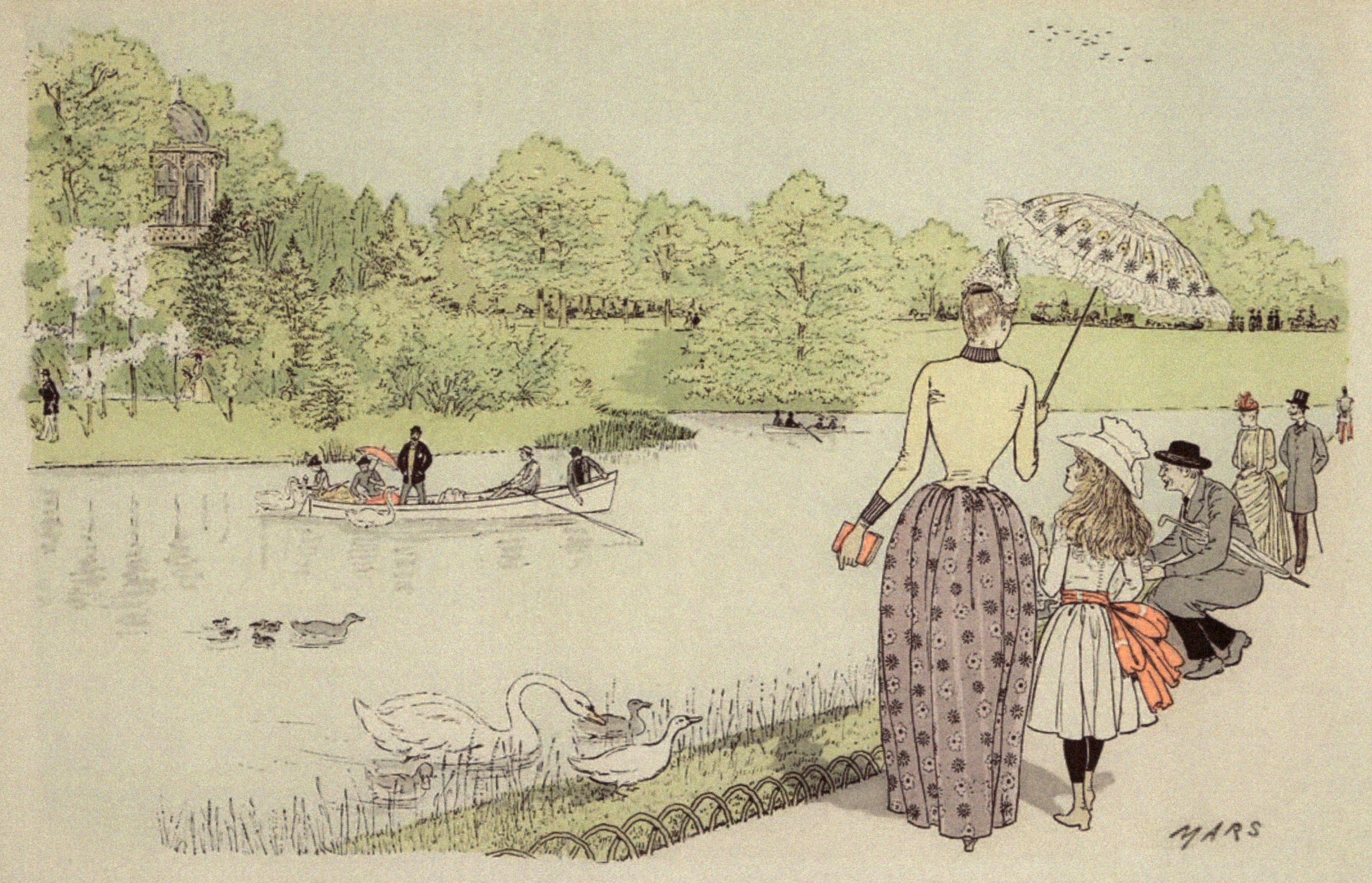

AU BOIS — PROMENADE LE LONG DU LAC

— Ma chérie, regarde ce monsieur, comme il donne bien à manger aux canards! Nous allons acheter un pain de seigle, et tu feras comme lui!
— Ne crois-tu pas, petite mère, que si nous achetions des gaufres, ils aimeraient mieux ça?

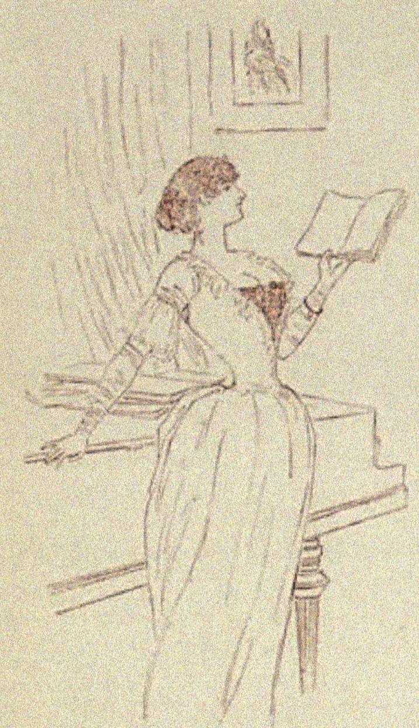

EN SOIRÉE

LA DAME QUI DIT DES VERS

Quand elle est très jolie, personne ne les écoute!

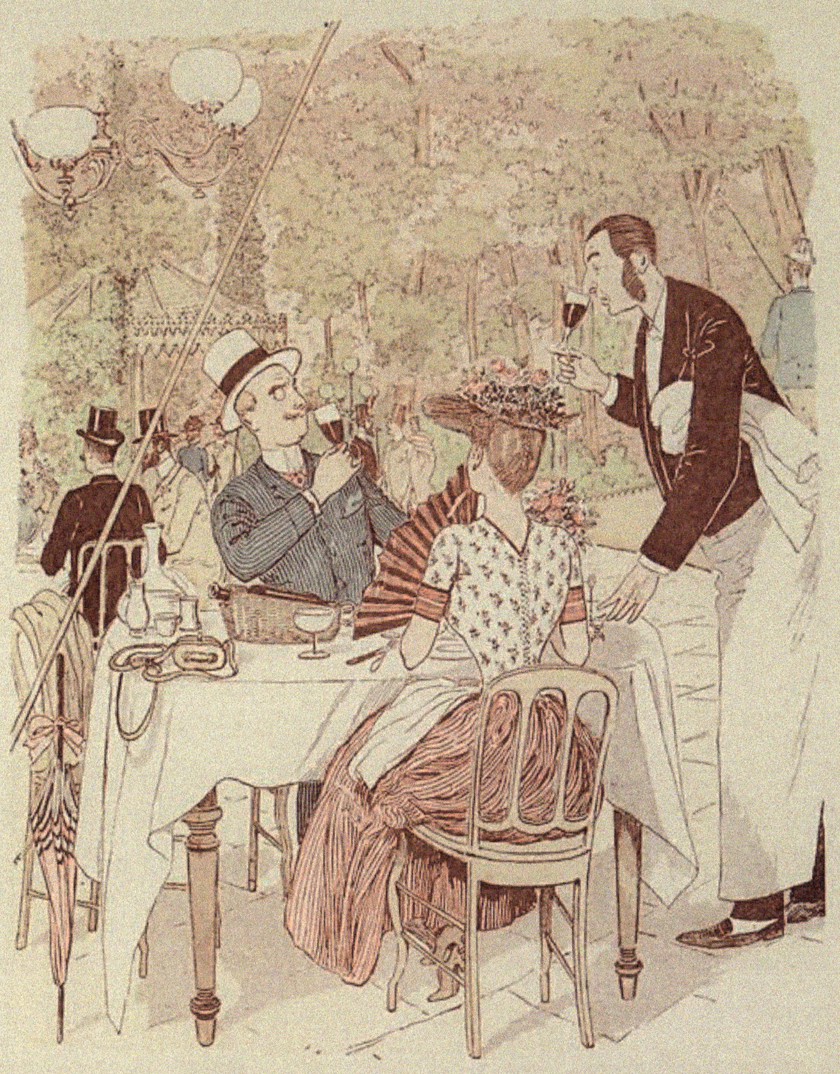

A LA CASCADE

— Voyons, garçon, il a un goût de bouchon très prononcé?
— Monsieur, je crois pouvoir affirmer à monsieur que le nez de monsieur trompe monsieur!

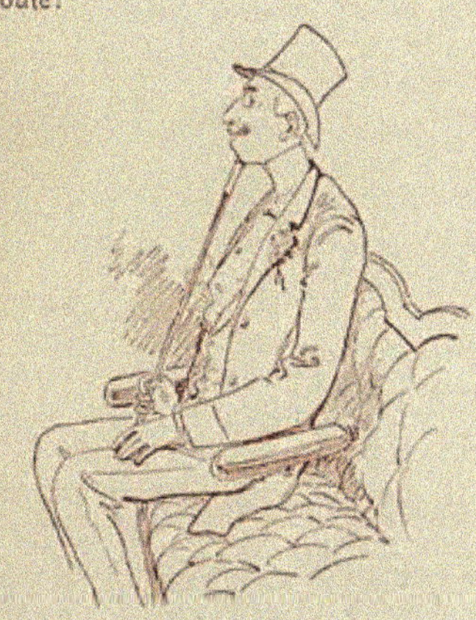

ENTR'ACTE DE PETIT THÉATRE

Dans un fauteuil qu'on est bien à trente ans!

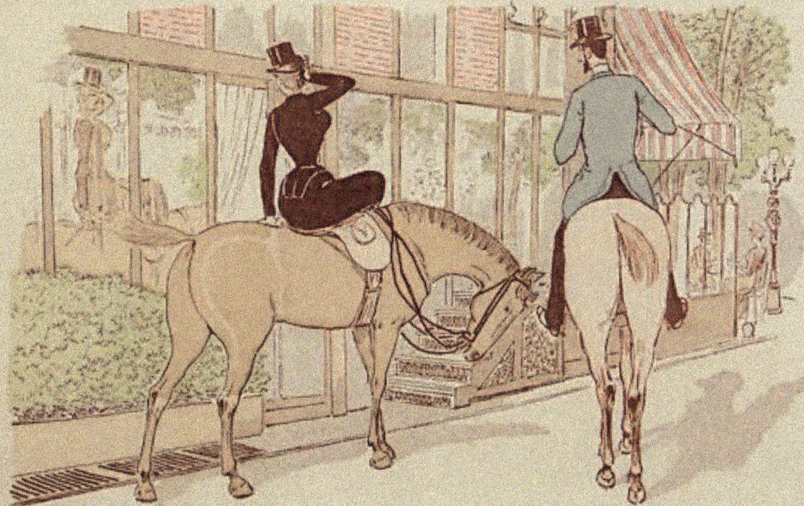

DEVANT LES GLACES DE LA CASCADE

— Alors, vous trouvez que mon amazone me prend bien?
— Comment donc, madame, mais c'est à craindre qu'elle ne vous lâche plus!

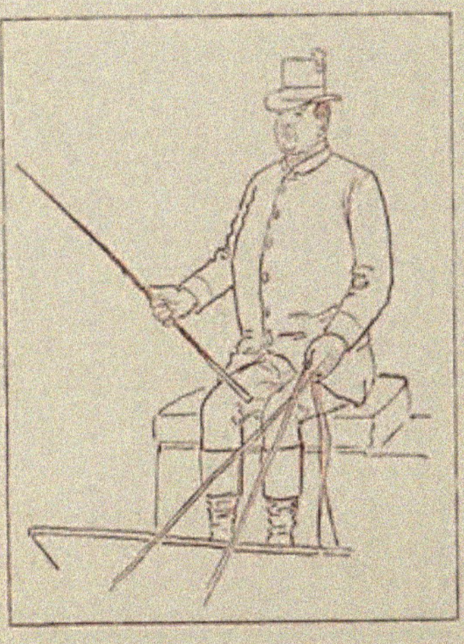

NOS GENS

« Le cocher Joseph, de la rue Cambacérès! »

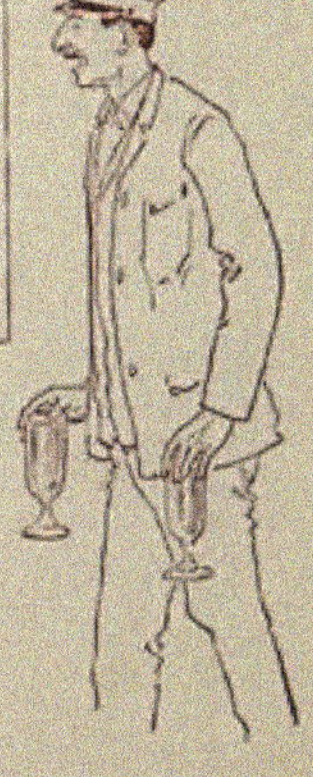

— Enl'vez l'bock

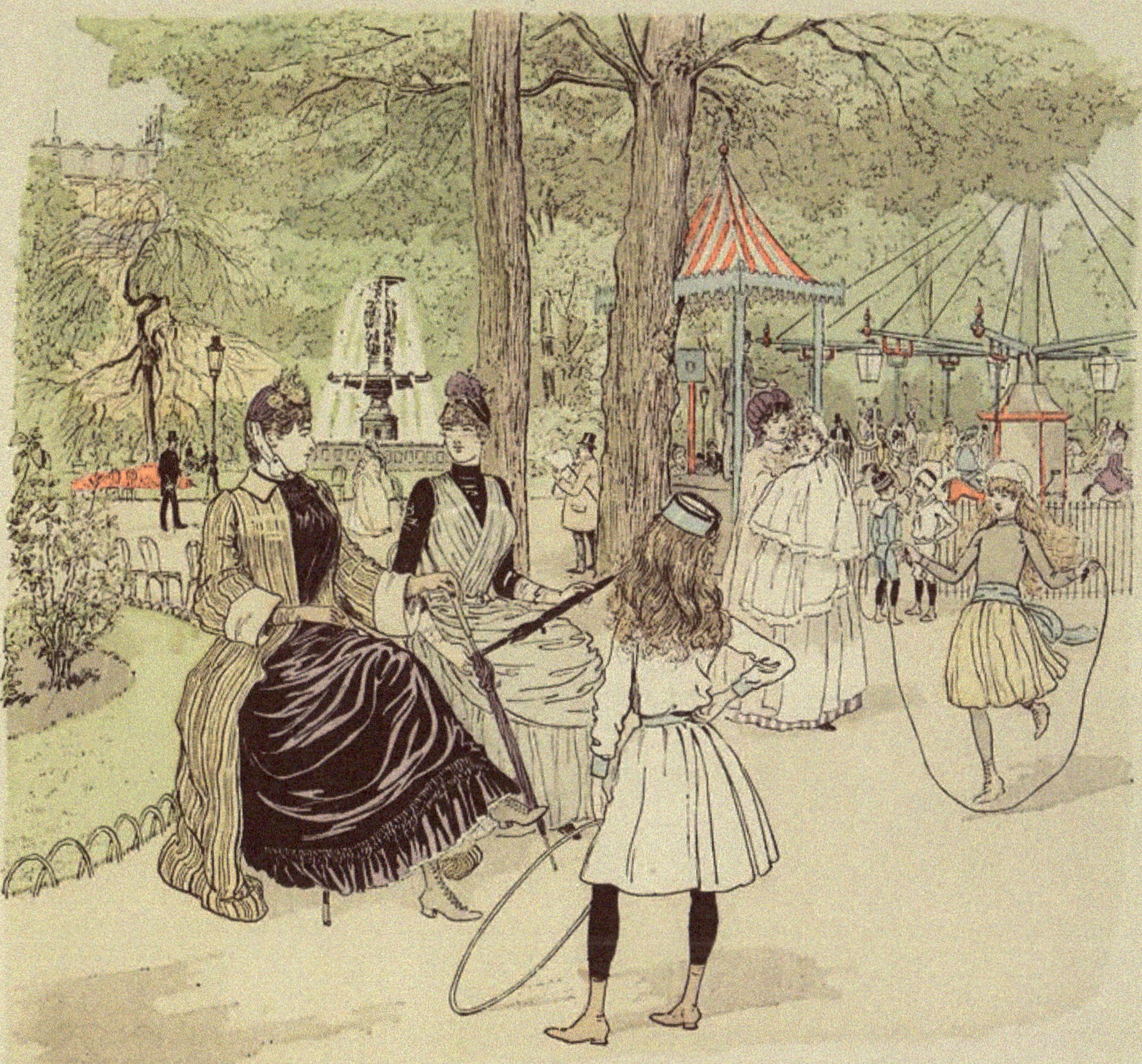

UN COIN DES CHAMPS-ÉLYSÉES, PRÈS DU CIRQUE

(SOUPIRS D'UN VIEUX MONSIEUR

C'est là que je voudrais vi-ivre,
Sauter, valser et courir!

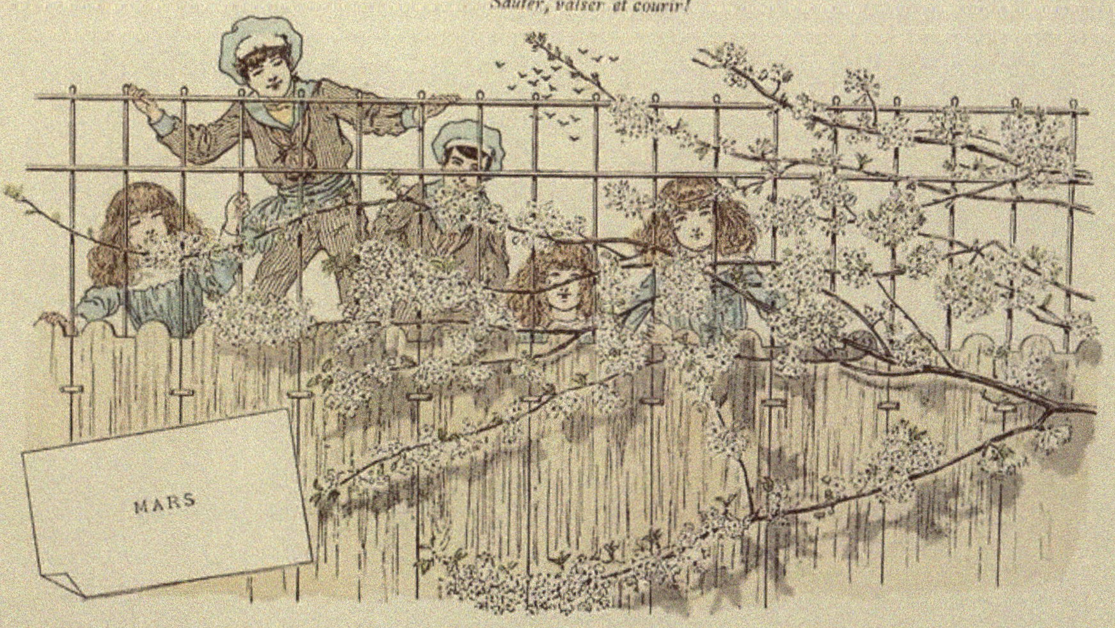

A PASSY — LA NICHÉE DES VOISINS

Nature vivante : fleurs et fruits.

Achevé d'imprimer en Angleterre
par Lightning Source UK

www.ingramcontent.com/pod-product-compliance
Ingram Content Group UK Ltd.
Pitfield, Milton Keynes, MK11 3LW, UK
UKHW062009290726
14090UKWH00022B/1476